# KINDHEIT FURCHT FÜR KINDER 8-12

*IHRE VERGANGENEN WUNDEN ZU BEWÄLTIGEN, GEHEILT ZU WERDEN UND MIT PTSD DURCH CBT FERTIG ZU WERDEN*

Bis

Carol C.

Serene Publications

### Rechtlicher Hinweis

Dieses Buch ist urheberrechtlich geschützt. Sie dürfen nur für persönliche Zwecke verwendet werden. Ohne die Erlaubnis des Autors oder Herausgebers dürfen Sie keinen Teil der Informationen in diesem Buch paraphrasieren, zitieren, kopieren, verteilen, verkaufen oder ändern.

### Haftungsausschluss

Dieses Buch wird unabhängig geschrieben und veröffentlicht. Bitte beachten Sie, dass das Material in dieser Veröffentlichung ausschließlich zu Bildungs- und Unterhaltungszwecken dient. Alle Bemühungen haben authentische, aktuelle, vertrauenswürdige und umfassende Informationen geliefert. Es gibt keine ausdrücklichen oder stillschweigenden Zusicherungen. Der Zweck dieses Buchmaterials ist es, den Lesern zu helfen, das Thema besser zu verstehen. Die Aktivitäten, Informationen und Übungen dienen ausschließlich der Selbsthilfe. Dieses Buch ist nicht als Ersatz für fachkundige

Psychologen, rechtliche, finanzielle oder andere Ratschläge gedacht. Wenn Sie eine Beratung benötigen, wenden Sie sich bitte an eine qualifizierte Fachkraft.

Durch die Lektüre dieses Textes akzeptiert der Leser, dass der Autor nicht für indirekte oder direkte Schäden haftbar gemacht werden kann, die durch die Verwendung der hierin enthaltenen Informationen entstehen, insbesondere, aber nicht beschränkt auf Auslassungen, Fehler oder Ungenauigkeiten. Sie sind als Leser für Ihre Entscheidungen, Handlungen und Konsequenzen verantwortlich.

# Über den Autor

Dr. Carol C. ist eine angesehene Psychologin, veröffentlichte Autorin und dynamische Motivationstrainer, mit über 15 Jahren Erfahrung in der Behandlung von Kindheitstraumata, posttraumatischen Belastungsstörungen und damit verbundenen psychischen Problemen. Der facettenreiche Ansatz von Dr. Carol C. basiert auf der Überzeugung, dass jedes Kind und jeder Jugendliche ungenutzte Potenziale und einzigartige Stärken besitzt, die darauf warten, freigesetzt zu werden. Durch ihre hochmodernen therapeutischen Techniken, ermutigenden Workshops und mitfühlende Anleitung hilft sie jungen Menschen aus allen Gesellschaftsschichten, Widrigkeiten zu überwinden und ihr Leben vom Überleben zum Gedeihen zu verändern.

# Inhaltsverzeichnis

# Ein paar Worte für Aufgehende Sterne

Liebe junge Leserinnen
und Leser,

Ich freue mich, Ihnen

" KINDHEIT FURCHT
FÜR KINDER 8-12 " vorstellen zu können, einen Leitfaden, der
Ihnen hilft, Ihre vergangenen Wunden zu meistern und von
einer posttraumatischen Belastungsstörung geheilt zu werden.
Dieses Buch wurde speziell für Sie entwickelt, mit interaktiven
Übungen, hilfreichen Tipps und unterhaltsamen Aktivitäten,
die Sie durch den Heilungsprozess führen.

Kindheitstraumata können schwer zu bewältigen sein, aber mit
Hilfe dieses Arbeitsbuchs können Sie lernen, mit Ihren Gefühlen
umzugehen, negative Gedanken zu überwinden und sich besser
zu fühlen. Das Buch wird Ihnen beibringen, wie Sie Techniken
der kognitiven Verhaltenstherapie anwenden können, um
negative Gedanken herauszufordern, Selbstwertgefühl
aufzubauen und Ängste zu bewältigen.

In diesem Buch lernst du, wie du vom Überleben zum Gedeihen
übergehst und die beste Version deiner selbst wirst. Lasst uns
also gemeinsam diese Reise in Richtung Heilung und Glück
beginnen!

# Einleitung

*"Die Wunden, die durch ein Kindheitstrauma verursacht wurden, werden vielleicht nie ganz verschwinden."*
*"Die Unfähigkeit, die Auswirkungen eines Kindheitstraumas zu überwinden, kann eine Tragödie sein, die größer ist als das Trauma selbst." - Dr. Bessel van der Kolk*
*"Obwohl es sich nicht um eine lebenslange Haftstrafe handelt, können die Auswirkungen eines Kindheitstraumas ein Leben lang ein Kampf sein."*
*"Die Wunde eines Kindheitstraumas kann bestehen bleiben, weil sie nie vollständig heilen konnte."*

*Ein Kindheitstrauma kann jeden treffen, sogar Prominente, die es haben. Ein Beispiel dafür ist Oprah Winfrey, eine der erfolgreichsten und beliebtesten Medienpersönlichkeiten der Welt. Oprahs traumatische Kindheit begann, als sie gerade neun Jahre alt war und ihre Mutter sie zu ihrem Vater nach Nashville schickte. Dort wurde Oprah von ihrem Vater und seinen Familienmitgliedern körperlich und emotional misshandelt. Sie wurde auch von mehreren Männern sexuell missbraucht, darunter Familienmitglieder, ein Freund ihrer Mutter und ein Teenager aus ihrer Nachbarschaft.*

*Trotz des Traumas, das sie erlitten hatte, hielt Oprah durch und wurde zu einer der erfolgreichsten und einflussreichsten Frauen der Welt. Durch Therapie und Selbstreflexion war sie in der Lage, sich mit ihren vergangenen Traumata auseinanderzusetzen und ihre Erfahrungen zu nutzen, um anderen bei der Heilung zu helfen. Oprahs Geschichte dient als Erinnerung daran, dass ein Kindheitstrauma nicht die Zukunft eines Menschen bestimmt, und*

> mit den richtigen Werkzeugen und der richtigen Unterstützung
> kann jeder seine vergangenen Wunden überwinden und gedeihen.
>
> Eine berühmte Person, die ihre Geschichte von Kindheitstraumata
> geteilt hat, ist die Schauspielerin und Komikerin Tiffany Haddish.
> In ihren Memoiren "Das letzte schwarze Einhorn" schreibt sie
> darüber, wie sie in Pflegefamilien aufwuchs und Vernachlässigung
> und Missbrauch durch ihre Mutter erlebte. Haddish erzählt auch,
> wie sich ihre traumatischen Erfahrungen auf ihre psychische
> Gesundheit und ihre Beziehungen als Erwachsene ausgewirkt
> haben, einschließlich der Kämpfe mit posttraumatischen
> Belastungsstörungen und Selbstmordgedanken. Trotz dieser
> Herausforderungen hat Haddish Heilung durch Therapie und
> Humor gefunden, indem sie ihre Plattform nutzt, um das
> Bewusstsein für Kindheitstraumata zu schärfen und sich für eine
> bessere Unterstützung von Pflegekindern einzusetzen.

Die Auswirkungen eines Kindheitstraumas können weitreichend sein und Menschen jeden Hintergrunds und jeder Altersgruppe betreffen, unabhängig von Geschlecht, sozioökonomischem Status oder kulturellem Erbe. Kindheitstraumata können sich auf vielfältige Weise manifestieren, einschließlich, aber nicht beschränkt auf körperlichen, emotionalen oder sexuellen Missbrauch, Vernachlässigung oder Gewalteinwirkung oder katastrophale Ereignisse. Die Auswirkungen eines Kindheitstraumas können weitreichend und lang anhaltend sein und die geistige, emotionale und körperliche Gesundheit einer Person sowie ihre Fähigkeit, gesunde Beziehungen aufzubauen und ihr volles Potenzial auszuschöpfen, beeinträchtigen. Es ist wichtig, die weit verbreitete Natur von Kindheitstraumata zu erkennen und darauf hinzuarbeiten, ein unterstützendes und heilendes Umfeld für die Betroffenen zu schaffen.

Die Auswirkungen von Kindheitstraumata sind vielfältig und belastend und hinterlassen oft lang anhaltende Folgen für das Wohlbefinden des Einzelnen. Die Auswirkungen von Traumata können in verschiedenen Formen auftreten, wie Angstzustände, Depressionen und posttraumatische Belastungsstörungen. Die Auswirkungen eines Traumas können für Kinder besonders herausfordernd sein, da sie Schwierigkeiten haben, ihre Gefühle auszudrücken und Hilfe zu suchen. Hier kommt " KINDHEIT FURCHT FÜR KINDER 8-12 " ins Spiel.

Dieses Arbeitsbuch wurde entwickelt, um Kindern und ihren Eltern zu helfen, die Auswirkungen von Traumata mithilfe evidenzbasierter kognitiver Verhaltenstherapietechniken zu verstehen und zu bewältigen. Durch eine Reihe von fesselnden und interaktiven Übungen lernen Kinder, wie sie ihre Emotionen erkennen und bewältigen können, gesunde Bewältigungsstrategien entwickeln und ein Gefühl von Selbstmitgefühl und Resilienz aufbauen können.

Um ein Beispiel aus dem wirklichen Leben zu nennen, stellen Sie sich ein Kind vor, das von einem Elternteil körperlich misshandelt wurde. Das Trauma kann zu Gefühlen von Angst, Angst und geringem Selbstwertgefühl führen. Das Kind kann Schwierigkeiten haben, diese Emotionen auszudrücken und sich aus sozialen Interaktionen zurückzuziehen. Durch die Anwendung der Techniken in diesem Arbeitsbuch kann das Kind jedoch lernen, seine Emotionen zu erkennen und auszudrücken, gesunde Bewältigungsmechanismen zu

11

entwickeln und Selbstwertgefühl aufzubauen. Durch die Unterstützung eines vertrauenswürdigen Erwachsenen und die Übungen im Arbeitsbuch kann das Kind beginnen, von seinem Trauma zu heilen und sich auf ein gesünderes, glücklicheres Leben zuzubewegen.

Insgesamt ist " KINDHEIT FURCHT FÜR KINDER 8-12 " eine unverzichtbare Ressource für alle Eltern, deren Kind ein Trauma erlebt hat und versucht, über das Überleben hinauszugehen, um erfolgreich zu sein. Dieses Arbeitsbuch befähigt Kinder, die Kontrolle über ihre Heilungsreise zu übernehmen und eine bessere Zukunft aufzubauen, indem es ihnen eine sichere und mitfühlende Umgebung bietet, in der sie ihre Emotionen erforschen und gesunde Bewältigungsstrategien entwickeln können.

# Kapitel 1: Kindheitstraumata verstehen

Ein Kindheitstrauma ist eine emotional aufgeladene und belastende Erfahrung, die auf das Auftreten eines traumatischen Ereignisses oder einer Reihe traumatischer Ereignisse in der Kindheit zurückzuführen ist. Die  tiefgreifenden Auswirkungen eines Traumas können noch lange nach der Erfahrung anhalten und das emotionale, psychische und körperliche Wohlbefinden eines Kindes stark beeinträchtigen. Die Ereignisse, die ein Trauma verursachen, können viele Formen annehmen, wie z. B. körperlicher, emotionaler oder sexueller Missbrauch, Vernachlässigung, Naturkatastrophen, Unfälle oder Zeuge von Gewalt oder anderen erschütternden Situationen. Die Auswirkungen eines Traumas können variieren, abhängig von der Schwere des Traumas, dem Alter des Kindes, in dem das Trauma aufgetreten ist, und dem Unterstützungssystem des Kindes.

Kinder, die ein Trauma erleben, können Symptome wie Angstzustände, Depressionen, Wut oder emotionale Dysregulation zeigen. Sie können mit Verhaltensproblemen, Schlafstörungen, Albträumen, Flashbacks und sozialen Schwierigkeiten zu kämpfen haben. Es ist wichtig, dass Eltern verstehen, dass Kinder, die ein Trauma erlebt haben, besondere Fürsorge und Unterstützung benötigen.

Hier ist ein Beispiel aus dem wirklichen Leben, wie das Verständnis von Kindheitstraumata für Eltern einen Unterschied machen kann:

Samantha ist Mutter von zwei kleinen Kindern. Ihr ältester, ein 7-jähriger Sohn, war schon immer eine kleine Herausforderung. Er ist leicht zu triggern, neigt zu Wut- und Aggressionsausbrüchen und wirkt oft ängstlich und nervös. Samantha hat alles versucht, was ihr einfällt, um ihrem Sohn zu helfen, von Gesprächen mit ihm über seine Gefühle bis hin zur Bestrafung, wenn er sich schlecht benimmt. Aber nichts scheint zu funktionieren, und sie ist mit ihrem Latein am Ende.

Eines Tages schlägt Samanthas Freundin vor, dass das Verhalten ihres Sohnes mit einem Kindheitstrauma zusammenhängen könnte. Samantha ist zunächst skeptisch, aber sie beginnt zu recherchieren und mehr über Traumata und ihre Auswirkungen auf Kinder zu erfahren. Als sie über die Symptome eines Traumas liest, wird ihr klar, dass viele von ihnen das Verhalten ihres Sohnes beschreiben. Sie beginnt auch zu verstehen, dass die Ausbrüche ihres Sohnes nicht darauf zurückzuführen sind, dass er "schlecht" oder "schwierig" ist, sondern eher eine Möglichkeit, mit seinen Erfahrungen umzugehen.

Mit diesem neuen Verständnis nähert sich Samantha ihrem Sohn anders. Anstatt ihn für sein Verhalten zu bestrafen, hört sie genauer zu, was er zu kommunizieren versucht. Sie stellt ihm offene Fragen und bestätigt seine Gefühle. Sie fängt auch an, beruhigendere Aktivitäten in ihren Alltag einzubauen, wie z. B. gemeinsames Lesen oder Yoga. Langsam aber sicher bemerkt Samantha eine Veränderung im Verhalten ihres Sohnes. Er neigt immer noch zu Ausbrüchen, aber sie sind seltener und weniger *intensiv. Er ist auch eher bereit, mit seiner Mutter darüber zu sprechen, was mit ihm los ist.*

*Indem sie sich die Zeit nimmt, Kindheitstraumata und deren Auswirkungen auf ihren Sohn zu verstehen, ist Samantha in der Lage, die Elternschaft einfühlsamer und effektiver anzugehen. Sie ist in der Lage, ihrem Sohn die Unterstützung und Ressourcen zu geben, die er brauchte, um sein Trauma zu verarbeiten und gesunde Bewältigungsmechanismen zu entwickeln.*

## 1.1. Das Geheimnis des Kindheitstraumas enträtseln

Kindheitstraumata sind ein komplexes und oft missverstandenes Phänomen. Um das Geheimnis des Kindheitstraumas zu lüften, muss man die verschiedenen Arten von Traumata verstehen, die auftreten können, wie sich Traumata auf Kinder auswirken und wie Kindern geholfen werden kann, die Auswirkungen von Traumata zu überwinden.

Die Erfahrung eines Kindheitstraumas kann auf eine Reihe von Ereignissen zurückzuführen sein, darunter Vernachlässigung, körperlicher, emotionaler oder sexueller Missbrauch, plötzlicher oder unerwarteter Verlust, Gewalterfahrung oder Naturkatastrophen. Die Auswirkungen eines Traumas können sowohl unmittelbar als auch lang anhaltend sein und sich auf die Entwicklung, das Verhalten und die Beziehungen eines Kindes zu anderen auswirken. Traumatisierte Kinder haben möglicherweise Schwierigkeiten mit der emotionalen Regulierung, zeigen aggressives oder impulsives Verhalten und haben Schwierigkeiten, gesunde Bindungen zu Bezugspersonen oder Gleichaltrigen aufzubauen.

Um das Geheimnis des Kindheitstraumas zu lüften, müssen Eltern zunächst die Anzeichen eines Traumas bei ihrem Kind erkennen. Dazu können Albträume, Schlafstörungen, Hypervigilanz und intensive Reaktionen auf Erinnerungen an das traumatische Ereignis gehören. Sobald sie identifiziert sind, können Eltern ihrem Kind durch eine Vielzahl von Interventionen helfen, darunter Therapie, Selbsthilfegruppen und Stress reduzierend Aktivitäten wie Achtsamkeit oder Bewegung.

Es ist wichtig, dass Eltern verstehen, dass die Heilung von Kindheitstraumata ein Prozess ist, der Zeit und Geduld erfordert. Kinder benötigen möglicherweise kontinuierliche Unterstützung und Intervention, um die Auswirkungen des Traumas zu überwinden, und es kann Rückschläge auf dem Weg dorthin geben. Mit der richtigen Unterstützung und den richtigen Ressourcen können Kinder jedoch heilen und sich in eine positive Richtung bewegen.

## 1.2. Die vielen Gesichter des Kindheitstraumas

Kindheitstraumata können viele verschiedene Formen annehmen und tiefgreifende Auswirkungen auf das Leben eines Kindes haben. Sie kann verschiedene Ursachen haben, wie z. B. Missbrauch, Vernachlässigung, Gewalt, den Verlust eines geliebten Menschen und andere negative Erfahrungen. Traumatische Erfahrungen können sich auf unterschiedliche Weise manifestieren und die emotionale, körperliche und kognitive Entwicklung von Kindern beeinträchtigen. Einige Kinder können offensichtliche Anzeichen von Stress zeigen, während andere ihren Schmerz hinter einer Maske der Normalität verbergen können.

Zum Beispiel kann ein Kind, das körperliche Misshandlungen erlebt hat, Anzeichen körperlicher Verletzungen wie Prellungen oder Schnittwunden zeigen, aber auch emotionale Belastungen wie Angstzustände oder Depressionen aufweisen. Auf der anderen Seite zeigt ein Kind, das Vernachlässigung erlebt hat, möglicherweise keine sichtbaren Anzeichen eines Traumas, kann aber Schwierigkeiten haben, Beziehungen aufzubauen oder ein Gefühl des Vertrauens zu entwickeln.

In ähnlicher Weise kann ein Kind, das Zeuge häuslicher Gewalt geworden ist, Verhaltensprobleme wie Aggression zeigen, während ein anderes Kind, das sexuellen Missbrauch erlebt hat, später im Leben selbstverletzendes Verhalten zeigen oder Schwierigkeiten mit sexueller Intimität haben kann. Diese verschiedenen Gesichter von Kindheitstraumata machen es schwierig, sie zu identifizieren und anzugehen, aber es ist wichtig, dass Eltern die Anzeichen erkennen und bei Bedarf Hilfe suchen.

Es ist auch wichtig zu beachten, dass ein Kindheitstrauma lebenslange Auswirkungen auf das Leben eines Kindes haben kann und sich auf seine psychische Gesundheit, seine Beziehungen und seinen zukünftigen Erfolg auswirkt. Daher ist es für Eltern von entscheidender Bedeutung, Kindheitstraumata ernst zu nehmen und professionelle Hilfe in Anspruch zu nehmen, wenn ihr Kind negative Erfahrungen gemacht hat.

## 1.3. Die Auswirkungen des Traumas

Ein Kindheitstrauma kann weitreichende Auswirkungen haben, die über das Betroffene hinausgehen. Wie ein Stein, der in einen Teich geworfen wird, können die Auswirkungen eines Traumas das ganze Leben einer Person spüren und sich auf ihre

Beziehungen, ihre psychische Gesundheit und sogar ihre körperliche Gesundheit auswirken. Zum Beispiel kann ein Kind, das in jungen Jahren Vernachlässigung oder Missbrauch erlebt, mit Vertrauensproblemen aufwachsen und Schwierigkeiten haben, im Erwachsenenalter gesunde Beziehungen aufzubauen. Sie können auch Angstzustände oder Depressionen entwickeln, die zu körperlichen Gesundheitsproblemen wie Herzerkrankungen oder chronischen Schmerzen führen können. Die Auswirkungen von Traumata können sich auch auf zukünftige Generationen auswirken, da die Auswirkungen von Traumata durch epigenetische Veränderungen in der DNA weitergegeben werden können. Für Eltern ist es wichtig, die weitreichenden Auswirkungen von Kindheitstraumata zu verstehen und angemessene Unterstützung und Behandlung für sich und ihre Kinder zu suchen, um zu verhindern, dass sich die Auswirkungen weiter ausbreiten.

## 1.4. Wie ein Trauma zu einer posttraumatischen Belastungsstörung führen kann

Die Auswirkungen eines Kindheitstraumas können tiefgreifend und verheerend sein, mit dem Potenzial, das emotionale und psychologische Wachstum eines Kindes zu beeinträchtigen, was oft zur Entwicklung einer posttraumatischen Belastungsstörung im Erwachsenenalter führt. Traumatische Ereignisse wie körperlicher oder sexueller Missbrauch, Vernachlässigung, Naturkatastrophen oder Gewalterfahrungen können die Bewältigungsmechanismen eines Kindes überschwemmen und sein Sicherheitsgefühl erschüttern. Diese Erfahrungen können unauslöschliche Spuren in der Gehirnentwicklung eines Kindes hinterlassen, was seine Anfälligkeit für die Entwicklung einer posttraumatischen Belastungsstörung im späteren Leben erheblich erhöhen kann.

Wenn ein Kind ein Trauma erleidet, kann sein Gehirn in den "Kampf-oder-Flucht"-Modus übergehen und die Ausschüttung von Stresshormonen wie Adrenalin und Cortisol auslösen. Diese Hormone können die Gehirnentwicklung des Kindes beeinflussen und zu Veränderungen der Amygdala, des Hippocampus und des präfrontalen Kortex führen, die alle Bereiche des Gehirns sind, die an der Verarbeitung von Emotionen, Gedächtnis und Stressreaktionen beteiligt sind.

Kinder, die ein Trauma erleben, können auch mit Symptomen wie Albträumen, Flashbacks und aufdringlichen Gedanken zu kämpfen haben. Sie können Situationen oder Auslöser vermeiden, die sie an das traumatische Ereignis erinnern, und können leicht erschrecken oder ein erhöhtes Gefühl der Wachsamkeit haben. Diese Symptome können ihr tägliches Funktionieren beeinträchtigen und zu Schwierigkeiten in der Schule, in sozialen Beziehungen und im allgemeinen Wohlbefinden führen.

Beispiele für Kindheitstraumata, die zu einer posttraumatischen Belastungsstörung führen können, sind:

o *Körperlicher oder sexueller Missbrauch*
o *Zeuge häuslicher Gewalt oder anderer Formen von Gewalt*
o *Vernachlässigung oder emotionaler Missbrauch*
o *Medizinisches Trauma*
o *Naturkatastrophen oder andere traumatische Ereignisse*

Für Eltern ist es wichtig, die Anzeichen eines Traumas bei ihren Kindern zu erkennen und angemessene Unterstützung und

Behandlung zu suchen. Eine frühzeitige Intervention kann dazu beitragen, die Auswirkungen von Traumata zu mildern und das Risiko von Langzeitfolgen wie posttraumatischen Belastungsstörungen zu verringern.

# Kapitel 2: Erkennen der Trauma-Symptome Ihres Kindes

Als Eltern sind Sie ständig auf das Wohlergehen Ihres Kindes bedacht. Es ist wichtig zu erkennen, dass ein Trauma einen tiefen Einfluss auf die emotionale und psychische Gesundheit Ihres Kindes haben kann. Es ist ganz natürlich,

dass Kinder eine Reihe von Emotionen erleben, aber wenn Sie anhaltende und schwerwiegende Veränderungen in ihrem Verhalten oder ihrer Stimmung bemerken, könnte dies ein Zeichen für ein Trauma sein. Ihr Kind kann Symptome wie Reizbarkeit, Wut, Angstzustände, Depressionen und Schlaf- oder Konzentrationsschwierigkeiten aufweisen. Sie können auch Dinge vermeiden, die sie an das traumatische Ereignis erinnern oder leicht erschrecken. Es ist wichtig zu verstehen, dass sich ein Trauma auf viele verschiedene Arten manifestieren kann und dass jedes Kind anders reagiert. Wenn Sie sich des Verhaltens Ihres Kindes bewusst sind, können Sie Maßnahmen ergreifen, um es zu unterstützen und ihm bei der Heilung zu helfen.

## 2.1. Die verborgenen Wunden: Häufige Symptome von Kindheitstraumata bei Kindern

Kindheitstraumata können versteckte Wunden haben, die von den Eltern möglicherweise nicht leicht erkannt oder bemerkt werden. Es ist wichtig, dass Eltern sich der häufigen Symptome bewusst sind, die darauf hindeuten können, dass ihr Kind ein Trauma erlebt hat.

Ein häufiges Symptom ist, dass das Kind distanziert oder abgekoppelt von anderen wirkt, als ob es sich in einer eigenen Welt befände. Sie können sich von Aktivitäten zurückziehen, die sie früher genossen haben, oder ein mangelndes Interesse daran zeigen, sich mit Freunden und Familie zu treffen. Zum Beispiel kann ein Kind, das gerne Fußball spielt, plötzlich das Interesse verlieren und nicht mehr teilnehmen wollen.

Ein weiteres Symptom ist eine erhöhte Angst oder Ängstlichkeit. Kinder, die ein Trauma erlebt haben, können ängstlicher und besorgter über alltägliche Situationen werden, wie z. B. zur Schule zu gehen oder von ihren Eltern getrennt zu sein. Sie können auch Albträume oder Flashbacks haben, die mit dem traumatischen Ereignis zusammenhängen, das sie erlebt haben.

Kinder, die ein Trauma erlebt haben, können auch regressives Verhalten zeigen, wie z. B. Bettnässen oder Daumenlutschen. Sie können auch anhänglicher werden und Trennungsangst haben. Dieses Verhalten kann eine Möglichkeit für das Kind sein, mit dem erlebten Trauma umzugehen und Trost und Beruhigung von seinen Eltern oder Betreuern zu suchen.

Darüber hinaus können einige Kinder aufgrund ihres Traumas aggressiv werden oder sich ausleben. Sie können Schwierigkeiten haben, ihre Emotionen zu kontrollieren und leicht gereizt oder wütend werden. Zum Beispiel kann ein Kind, das häusliche Gewalt in seinem Zuhause miterlebt hat, aggressiv gegenüber seinen Geschwistern oder Gleichaltrigen werden.

Es ist wichtig, dass Eltern diese Symptome erkennen und professionelle Hilfe in Anspruch nehmen, wenn sie den Verdacht haben, dass ihr Kind ein Trauma erlebt hat. Kindheitstraumata können sich nachhaltig auf die psychische Gesundheit eines Kindes auswirken, aber mit der richtigen Unterstützung und Behandlung können Kinder lernen, zu heilen und sich in eine positive Richtung zu bewegen.

## 2.2. Wenn das Trauma lauter spricht: Wie ein Trauma die Gedanken, Gefühle und Verhaltensweisen Ihres Kindes beeinflussen kann

Wenn Ihr Kind ein Trauma erlebt hat, kann es sich auf eine Weise auswirken, die nicht immer offensichtlich ist. Traumata können in ihre Gedanken, Gefühle und Verhaltensweisen eindringen und es ihnen oft erschweren, in ihrem täglichen Leben zu funktionieren. Zum Beispiel kann ein Kind, das in einen Autounfall verwickelt war, Angst davor haben, wieder in einem Auto zu fahren, was dazu führt, dass es jede Aktivität vermeidet, die mit dem Fahren in einem Auto verbunden ist. In ähnlicher Weise kann ein Kind, das körperliche Misshandlungen erlebt hat, Schwierigkeiten haben, anderen zu vertrauen, und kann aus Wut um sich schlagen, um sich selbst zu schützen.

Ein Trauma kann sich auch auf die Gedanken eines Kindes auswirken und zu negativen Selbstgesprächen und Überzeugungen über sich selbst und die Welt um es herum führen. Sie haben vielleicht das Gefühl, dass sie für das Trauma, das sie erlebt haben, verantwortlich sind oder dass sie es nicht wert sind, geliebt und gepflegt zu werden. Dies kann zu einem geringen Selbstwertgefühl und Schwierigkeiten beim Aufbau gesunder Beziehungen führen.

In Bezug auf das Verhalten kann sich ein Trauma auf verschiedene Weise manifestieren. Ein Kind kann Anzeichen von Übererregung zeigen, wie z. B. leicht zu erschrecken oder Schlafstörungen zu haben. Sie können auch risikofreudige Verhaltensweisen wie Drogenmissbrauch oder gefährliche Aktivitäten an den Tag legen, um mit ihrem Trauma fertig zu werden. Auf der anderen Seite können sich einige Kinder zurückziehen und sich aus Selbstschutz von anderen isolieren.

Es ist wichtig zu verstehen, dass diese Verhaltensweisen und Symptome nicht den Charakter oder die Persönlichkeit Ihres Kindes widerspiegeln. Vielmehr sind sie eine Reaktion auf das erlebte Trauma. Mit der richtigen Unterstützung und den richtigen Ressourcen kann Ihr Kind lernen, mit seinen Symptomen umzugehen und auf gesunde und positive Weise voranzukommen.

## 2.3. Flashbacks und Trigger: Trigger und Flashbacks bei Kindern verstehen

Auslöser und Flashbacks sind häufige Symptome von Traumata, die erhebliche Auswirkungen auf Kinder haben können. Auslöser sind Ereignisse oder Situationen, die ein Kind an seine traumatische Erfahrung erinnern und eine Reihe von emotionalen und körperlichen Reaktionen hervorrufen können. Diese Reaktionen können Panikattacken, Flashbacks, Albträume, intensive Angst oder sogar körperliche Schmerzen umfassen.

Flashbacks hingegen sind lebendige und erschütternde Erinnerungen an ein traumatisches Ereignis, das jederzeit auf ein Kind zurückkommen kann. Sie können durch Anblicke, Geräusche, Gerüche oder sogar Gefühle ausgelöst werden, die sie an das traumatische Erlebnis erinnern. Flashbacks können unglaublich überwältigend sein und dazu führen, dass ein Kind das Gefühl hat, das traumatische Ereignis noch einmal zu erleben.

Für Eltern ist es wichtig zu verstehen, dass Auslöser und Flashbacks keine absichtlichen Handlungen ihres Kindes sind, sondern eher unwillkürliche Reaktionen auf Traumata. Eltern können ihre Kinder unterstützen, indem sie lernen, die Auslöser ihres Kindes zu erkennen und ihnen helfen, Bewältigungsstrategien zu entwickeln, um ihre emotionalen und körperlichen Reaktionen zu bewältigen.

Zum Beispiel kann ein Kind, das einen Autounfall erlebt hat, durch das Geräusch eines hupenden Autos oder den Anblick eines Autounfalls im Fernsehen ausgelöst werden. Sie können einen Flashback des Unfalls erleben und von Angst und

Besorgnis überwältigt werden. Infolgedessen kann das Kind vermeiden, in ein Auto zu steigen oder sich weigern, zur Schule zu gehen, wenn es den Unfallort passieren muss.

In einem anderen Beispiel kann ein Kind, das körperliche Misshandlungen erlebt hat, dadurch ausgelöst werden, dass jemand seine Stimme oder einen bestimmten Tonfall erhebt. Sie können einen Flashback des Missbrauchs haben und extrem ängstlich oder ängstlich werden. Infolgedessen kann es sein, dass das Kind Schwierigkeiten hat, effektiv zu kommunizieren oder Schwierigkeiten hat, anderen zu vertrauen.

Durch das Verständnis von Auslösern und Flashbacks können Eltern ihrem Kind helfen, sich gehört und bestätigt zu fühlen, Unterstützung in Zeiten der Not zu bieten und ihrem Kind zu helfen, gesunde Bewältigungsmechanismen zu entwickeln, um mit diesen Symptomen umzugehen.

# 2.4 Unternehmungen

## Trauma-Symptome

*Das Arbeitsblatt "Trauma Symptome" ist ein wichtiges Hilfsmittel für Kinder, um ihre eigenen Trauma-Symptome zu erkennen und zu verstehen. Indem Kinder ihre Symptome erkennen und benennen, können sie beginnen, die Kontrolle über ihre Erfahrungen zu übernehmen und Bewältigungsstrategien zu entwickeln, um mit ihren Emotionen umzugehen. Auf diese Weise können Kinder anfangen zu verstehen, wie sich ihre Trauma-Symptome auf ihr tägliches Leben und ihre Beziehungen auswirken.*

# Meine Trauma-Symptome

Anleitung: Traumata können Menschen auf unterschiedliche Weise beeinflussen. Dieses Arbeitsblatt soll Ihnen dabei helfen, Ihre eigenen Trauma-Symptome und deren Auswirkungen auf Sie zu identifizieren. Lesen Sie jede Aussage unten und kreisen Sie die Zahl ein, die am besten beschreibt, wie oft dieses Symptom bei Ihnen auftritt. Schreiben Sie dann auf, wie sich dieses Symptom auf Ihr tägliches Leben auswirkt.

Ich fühle mich ängstlich oder besorgt, auch wenn keine offensichtliche Gefahr in der Nähe ist.

(0) Niemals

(1) Manchmal

(2) Oft

(3) Fast immer

Wie sich das auf mich auswirkt:_____

_____

Ich habe Albträume oder Flashbacks über das traumatische Ereignis.


(0) Niemals

(1) Manchmal

(2) Oft

(3) Fast immer

Wie sich das auf mich auswirkt:_____

_____

Ich bin ohne ersichtlichen Grund wütend oder gereizt.

(0) Niemals
(1) Manchmal
(2) Oft
(3) Fast immer
Wie sich das auf mich auswirkt:_____

_____

Ich bin traurig oder hoffnungslos, was die Zukunft angeht.

(0) Niemals
(1) Manchmal
(2) Oft
(3) Fast immer
Wie sich das auf mich auswirkt:_____

_____

Ich fühle mich taub oder von meinen Gefühlen getrennt.

(0) Niemals
(1) Manchmal
(2) Oft
(3) Fast immer
Wie sich das auf mich auswirkt: _____

_____

Ich habe Schwierigkeiten zu schlafen oder durchzuschlafen.

(0) Niemals
(1) Manchmal
(2) Oft
(3) Fast immer
Wie sich das auf mich auswirkt:_____

_____

Ich fühle mich übermäßig wachsam oder nervös,
als ob etwas Schlimmespassieren könnte.

(0) Niemals

(1) Manchmal

(2) Oft

(3) Fast immer

Wie sich das auf mich auswirkt:_____

Ich habe körperliche Symptome wie Kopfschmerzen, Bauchschmerzen oder Herzrasen.

(0) Niemals

(1) Manchmal

(2) Oft

(3) Fast immer

Wie sich das auf mich auswirkt:_____

Ich meide bestimmte Menschen, Orte oder Aktivitäten, weil sie mich an das traumatische Ereignis erinnern.

(0) Niemals

(1) Manchmal

(2) Oft

(3) Fast immer

Wie sich das auf mich auswirkt: _____

Ich habe das Gefühl, dass ich nicht ich selbst bin oder dass sich etwas in mir verändert hat.

(0) Niemals

(1) Manchmal

(2) Oft

(3) Fast immer

Wie sich das auf mich auswirkt:_____

*Frage oder Aufgabe: Schau dir deine Antworten noch einmal an. Welche Muster oder Themen fallen Ihnen auf? Wie wirken sich diese Symptome auf Sie in Ihrem täglichen Leben aus? Gibt es Symptome, bei denen Sie das Gefühl haben, dass Sie mehr Hilfe benötigen? Sprich mit einem Erwachsenen oder Berater deines Vertrauens, um Unterstützung für deine Heilungsreise zu erhalten.*

## Meine Auslöser und Flashbacks

*Für Kinder, die ein Trauma erlitten haben, ist das Arbeitsblatt "Meine Auslöser und Flashbacks" ein wichtiges Instrument, um das Erlebte zu verarbeiten. Ein Trauma kann das psychische Wohlbefinden eines Kindes nachhaltig beeinträchtigen und schwächende Symptome wie Angstzustände, Depressionen und posttraumatische Belastungsstörungen hervorrufen. Einer der schwierigsten Aspekte eines Traumas ist die Unvorhersehbarkeit von Auslösern und Flashbacks, die intensive emotionale und körperliche Reaktionen hervorrufen können. Anhand des Arbeitsblatts können Kinder lernen, ihre Auslöser zu erkennen und zu verstehen, wie sie Flashbacks erleben. Dies kann ihnen helfen, ihre Symptome besser unter Kontrolle zu haben und Bewältigungsstrategien zu entwickeln, wenn sie ausgelöst werden.*

# Löst aus

## Dankbare 3er

ich fühle...

Außer Kontrolle

Wütend

Verärgern

Traurig

Besorgt

Überwältigt

Verärgert

Ruhig

Glücklich

**WÖCHENTLICH STIMMUNG METER**

Beginnen Sie damit, Ihre Stimmung für jeden Wochentag anhand der folgenden Emotionen zu markieren. Wenn Sie sich beispielsweise am Montag glücklich fühlen, schreiben Sie „M" neben das Wort „glücklich" auf dem Stimmungsmesser.

Atme drei Sekunden lang tief ein,

Atmen Sie sechs Sekunden lang aus.

Wiederholen Sie diesen Vorgang, indem Sie zwei Sekunden lang einatmen und vier Sekunden lang ausatmen.

# Erdung

Beginnen Sie damit, fünf Dinge zu identifizieren, die Sie um sich herum sehen können.

1._____
2._____
3._____
4._____
5._____

Identifizieren Sie dann vier Formen, die Sie sehen können.

1._____
2._____
3._____
4._____

Konzentrieren Sie sich danach auf drei Dinge, die Sie mit der Hand berühren können.

1._____
2._____
3._____

Achten Sie als Nächstes auf zwei Geräusche, die Sie hören können.

1._____
2._____

Identifizieren Sie abschließend eine Emotion, die Sie empfinden.

1._____

# Meine Auslöser und Rückblenden

Anleitung: Ein Trauma kann dazu führen, dass Menschen auf bestimmte Dinge oder Situationen stark reagieren, die sie an das traumatische Ereignis erinnern. Dieses Arbeitsblatt soll Ihnen dabei helfen, Ihre Auslöser zu identifizieren und herauszufinden, wie Sie Flashbacks erleben. Füllen Sie die Lücken aus und besprechen Sie Ihre Antworten mit Ihren Eltern oder Betreuern.

I. Welche Dinge oder Situationen lösen Ihre Traumasymptome aus? Beispiele: laute Geräusche, bestimmte Gerüche, Alleinsein, überfüllte Orte, bestimmte Personen oder Orte usw.

_____

_____

_____

II. Woher wissen Sie, wann Sie ausgelöst werden? Welche körperlichen Empfindungen, Emotionen oder Gedanken erleben Sie? Beispiele: Herzrasen, Schwitzen, Unruhe oder Furcht, Wut oder Gereiztheit, negative Gedanken oder Erinnerungen usw.

_____

_____

_____

_____

III. Wie gehen Sie damit um, wenn Sie ausgelöst werden? Welche Strategien helfen Ihnen, sich besser zu fühlen oder zu beruhigen? Beispiele: Tief durchatmen, mit jemandem reden, einen Stressball oder ein Zappelspielzeug benutzen, Musik hören, spazieren gehen usw.

_____

_____

_____

_____

IV. Haben Sie schon einmal einen Flashback erlebt? Wie war es? Wie haben Sie sich während und nach der Rückblende gefühlt?

_____

_____

_____

_____

V. Wie können Ihre Eltern oder Betreuer Ihnen helfen, wenn Sie einen Flashback erleben oder ausgelöst werden? Was brauchen Sie von ihnen, um sich sicher und unterstützt zu fühlen?

_____

_____

_____

VI. Sprechen Sie mit Ihren Eltern oder Betreuern über Ihre Auslöser und Rückblenden. Wie können Sie zusammenarbeiten, um Ihre Symptome in den Griff zu bekommen und sich besser unter Kontrolle zu fühlen? Ziehen Sie in Betracht, die Hilfe eines Psychologen in Anspruch zu nehmen, wenn Ihre Traumasymptome Ihr tägliches Leben beeinträchtigen. Denken Sie daran, dass Heilung möglich ist und Sie nicht allein sind.

_____

_____

_____

_____

# Effektive Strategie zur Bewältigung von Sorgen: Eine Schritt-für-Schritt-Anleitung

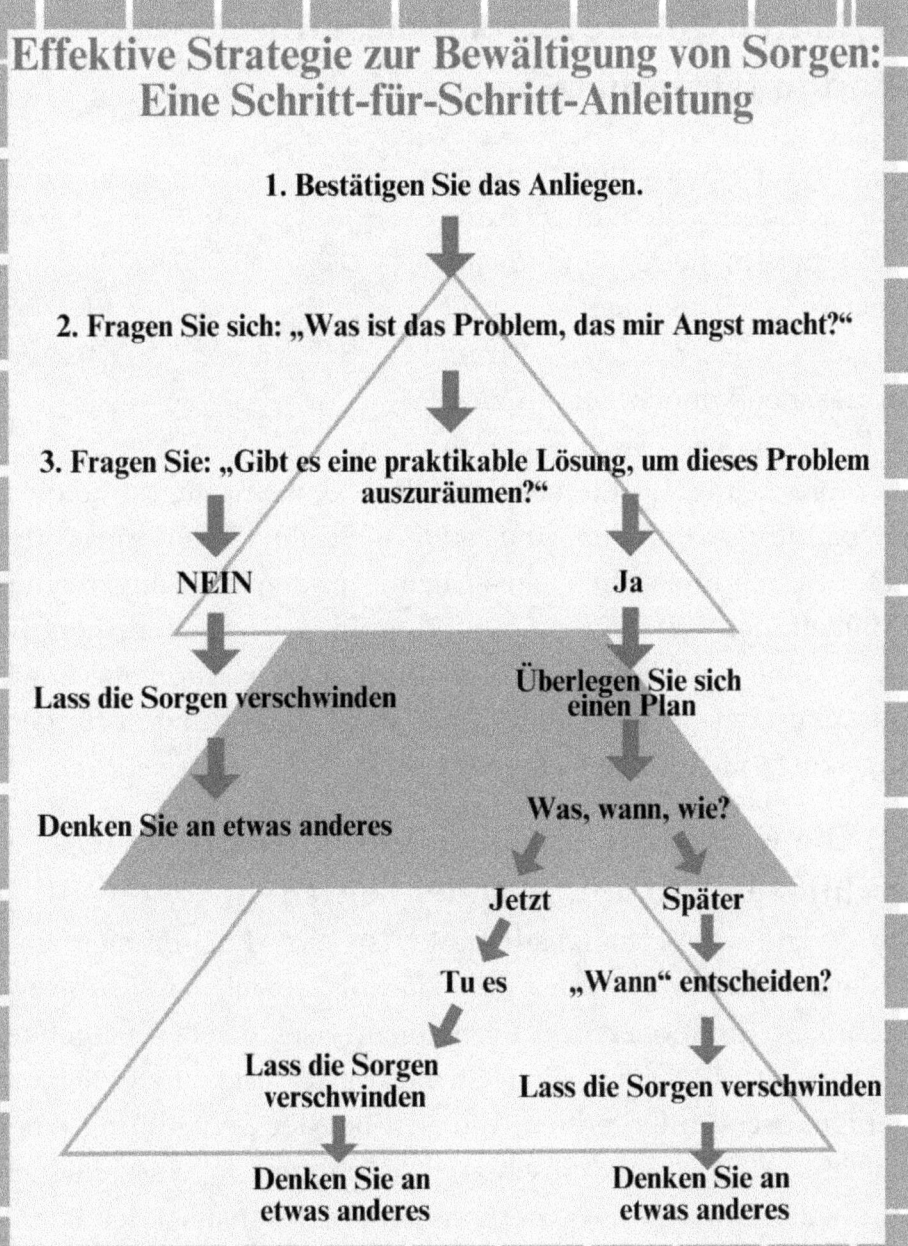

**1. Bestätigen Sie das Anliegen.**

**2. Fragen Sie sich: „Was ist das Problem, das mir Angst macht?"**

**3. Fragen Sie: „Gibt es eine praktikable Lösung, um dieses Problem auszuräumen?"**

**NEIN**

**Ja**

**Lass die Sorgen verschwinden**

**Überlegen Sie sich einen Plan**

**Denken Sie an etwas anderes**

**Was, wann, wie?**

**Jetzt**

**Später**

**Tu es**

**„Wann" entscheiden?**

**Lass die Sorgen verschwinden**

**Lass die Sorgen verschwinden**

**Denken Sie an etwas anderes**

**Denken Sie an etwas anderes**

# Kapitel 3: Die Rolle der kognitiven Verhaltenstherapie bei der Heilung von Kindheitstraumata

Kognitive Verhaltenstherapie kann Kindern, die ein Trauma erlebt haben, helfen, indem sie negative Denkmuster und Verhaltensweisen, die Stress verursachen können, identifiziert und in Frage stellt. Durch  Therapiesitzungen können Kinder Bewältigungsstrategien, Entspannungstechniken und andere Strategien erlernen, um ihre Symptome zu bewältigen und ihr allgemeines Wohlbefinden zu verbessern. Kognitive Verhaltenstherapie kann eine wirksame Behandlung für traumabedingte Erkrankungen wie posttraumatische Belastungsstörungen, Angstzustände und Depressionen sein.

## 3.1. Die Kraft der kognitiven Verhaltenstherapie erschließen: Ein umfassender Leitfaden

Die kognitive Verhaltenstherapie ist ein dynamischer und evidenzbasierter Ansatz, der darauf abzielt, maladaptive Gedanken, Emotionen und Verhaltensweisen direkt anzugehen. Es handelt sich um eine strukturierte und zielgerichtete therapeutische Intervention, die sich bei der Behandlung einer Vielzahl von psychischen Störungen, einschließlich Kindheitstraumata, als bemerkenswert wirksam erwiesen hat.

Die kognitive Verhaltenstherapie konzentriert sich auf das komplizierte Zusammenspiel von Gedanken, Emotionen und

Verhaltensweisen und darauf, wie sie sich gegenseitig beeinflussen können. Der springende Punkt ist, dass negative Gedanken und Überzeugungen negative Emotionen und Verhaltensweisen hervorrufen können. Durch das Aufbrechen dieser schädlichen Muster befähigt die kognitive Verhaltenstherapie den Einzelnen, positive Denkmuster zu kultivieren und konstruktive Bewältigungsmechanismen zu entwickeln, um mit seinen traumatischen Erfahrungen umzugehen.

Hier sind einige kognitive Verhaltenstherapiemethoden, die bei der Bewältigung von Kindheitstraumata hilfreich sein können:

- ✓ **Bei der kognitiven Umstrukturierung** geht es darum, negative Gedanken und Überzeugungen, die eine Person über sich selbst, andere oder die Welt hat, zu identifizieren und in Frage zu stellen. Unter Anleitung des Therapeuten können sie die Beweise untersuchen, die diese Überzeugungen unterstützen oder ihnen widersprechen, und positivere und realistischere Denkweisen entwickeln.
- ✓ **Die Exposition-Therapie** ist ein schrittweiser Prozess, bei dem eine Person in einer kontrollierten Umgebung Auslösern von Angst oder Furcht ausgesetzt wird. Dieser Prozess hilft dem Individuum, sich seinen Ängsten zu stellen und neue Bewältigungsstrategien zu entwickeln.
- ✓ **Entspannungstechniken** wie progressive Muskelentspannung, Visualisierung und tiefes Atmen sind für die Bewältigung von Angst und Stress unerlässlich. Diese Techniken geben dem Einzelnen die Werkzeuge an die Hand, die er braucht, um seine

traumatischen Erfahrungen zu überwinden und mit seinem Leben zu gehen.

✓ **Verhaltensaktivierung**: Bei dieser Methode geht es darum, Aktivitäten zu identifizieren und zu planen, die dem Einzelnen Spaß machen und die ihn als lohnend empfinden. Dieser Ansatz kann zu einem Anstieg positiver Emotionen und einer Abnahme negativer Emotionen führen. KOGNITIVE VERHALTENSTHERAPIE kann sowohl für die Kinder als auch für die Eltern hilfreich sein. Für Kinder kann die KOGNITIVE VERHALTENSTHERAPIE ihnen Werkzeuge und Strategien an die Hand geben, um ihre Gedanken und Emotionen im Zusammenhang mit Kindheitstraumata zu bewältigen. Indem sie lernen, negative Denkmuster zu erkennen und zu hinterfragen, können sie positivere Wege entwickeln, mit ihren Erfahrungen umzugehen. Für Eltern kann die KOGNITIVE VERHALTENSTHERAPIE ihnen helfen, die Erfahrungen ihres Kindes besser zu verstehen und ihnen Werkzeuge und Strategien an die Hand zu geben, um die Genesung ihres Kindes zu unterstützen. Indem sie lernen, negative Denk- und Verhaltensmuster bei ihrem Kind zu erkennen und anzugehen, können sie ihrem Kind helfen, positivere Wege zu entwickeln, mit ihren Erfahrungen umzugehen.

## 3.2. Die heilende Kraft der kognitiven verhaltenstherapie: Eine bewährte Methode zur Überwindung von Kindheitstraumata

Die kognitive Verhaltenstherapie, ein Ansatz, der sich auf die Veränderung negativer Denkmuster und Verhaltensweisen konzentriert, hat sich als wertvolles Instrument zur Behandlung von Kindheitstraumata bei jungen Menschen erwiesen.

Hier sind einige kognitive Verhaltenstherapie-Tools und -Strategien, die Einzelpersonen helfen können, ihre Überzeugungen und Gefühle im Zusammenhang mit Kindheitstraumata zu bewältigen. Diese Werkzeuge und Strategien werden von Therapeuten verwendet, aber auch Eltern können diese Aktivitäten nachverfolgen.

- ✓ **Kognitive Umstrukturierung**: Ein wesentlicher Aspekt dieses therapeutischen Ansatzes ist der Prozess des Erkennens und der Konfrontation mit pessimistischen Gedanken und Überzeugungen in Bezug auf sich selbst, andere und die Welt. Wenn eine Person zum Beispiel glaubt, dass sie aufgrund ihres Kindheitstraumas "unwürdig" ist, kann ein Therapeut, der kognitive Umstrukturierung anwendet, sie ermutigen, die Beweise für und gegen diese Überzeugung zu prüfen. Darüber hinaus kann diese Technik dem Einzelnen helfen, positivere und pragmatischere Ansichten über sich selbst zu entwickeln, wie z. B. "Ich verdiene Liebe und Respekt und ich bin in der Lage, meine Ziele zu erreichen."

Die kognitive Umstrukturierung ist ein nützliches Werkzeug für Kinder, die ein Kindheitstrauma erlebt haben. Hier ist ein Beispiel dafür, wie es funktionieren könnte:

*Nehmen wir an, ein Kind, das ein Trauma erlebt hat, glaubt, dass "mir nie etwas Gutes passiert". Dieser Glaube kann zu Gefühlen der Traurigkeit, Hoffnungslosigkeit und Verletzlichkeit führen und sich sogar auf das Verhalten und die Beziehungen des Kindes zu anderen auswirken. Ein Therapeut, der kognitive Umstrukturierung anwendet, kann das Kind durch die folgenden Schritte führen:*

***Identifiziere den negativen Glaubenssatz:*** *Der Therapeut könnte das Kind bitten, über die Gedanken und Gefühle zu sprechen, die es hat, wenn es denkt: "Mir passiert nie etwas Gutes."*

***Stellen Sie den negativen Glauben in Frage:*** *Der Therapeut könnte dem Kind helfen, die Beweise für und gegen diesen Glauben zu erforschen. Sie könnten Fragen stellen wie: "Kannst du dich an eine Zeit erinnern, in der dir etwas Gutes passiert ist?" oder "Glaubst du, dass es fair ist zu sagen, dass dir nie etwas Gutes passiert?"*

***Entwickeln Sie eine positivere und realistischere Überzeugung:*** *Der Therapeut könnte mit dem Kind zusammenarbeiten, um eine positivere und realistischere Überzeugung zu entwickeln, die es anstelle der negativen anwenden kann. Sie könnten dem Kind zum Beispiel helfen, eine Aussage zu machen wie: "Manchmal laufen die Dinge nicht so, wie ich es mir wünsche, aber manchmal passieren mir gute Dinge."*

*Üben Sie den neuen Glauben: Der Therapeut kann das Kind ermutigen, den neuen Glauben in alltäglichen Situationen anzuwenden. Sie könnten das Kind zum Beispiel bitten, den neuen Glauben für sich selbst zu wiederholen, wenn es anfängt, sich traurig oder hoffnungslos zu fühlen.*

✓ **Gedankenstopp:** Bei diesem Tool geht es darum, negative oder aufdringliche Gedanken zu unterbrechen, indem man "Stopp" sagt oder ein Stoppschild visualisiert. Das Individuum ersetzt dann den negativen Gedanken durch einen positiven. Wenn eine Person zum Beispiel aufdringliche Gedanken im Zusammenhang mit ihrem Trauma erlebt, kann sie "Stopp" sagen und den Gedanken durch eine positive Affirmation wie "Ich bin sicher und habe die Kontrolle" ersetzen.

Gedankenstopp ist eine nützliche Technik für Kinder, die möglicherweise aufdringliche oder negative Gedanken im Zusammenhang mit ihrem Kindheitstrauma haben. Hier ist ein Beispiel dafür, wie es funktionieren könnte:

*Nehmen wir an, ein Kind, das ein Trauma erlebt hat, hat den Gedanken, dass "ich nicht sicher bin", wenn es ein lautes Geräusch hört. Dieser Gedanke kann zu Gefühlen von Angst, Furcht und Hilflosigkeit führen. Ein Therapeut, der das Anhalten von Gedanken anwendet, kann das Kind durch die folgenden Schritte führen:*

*Identifiziere den negativen Gedanken: Der Therapeut könnte das Kind bitten, über die Gedanken und Gefühle zu sprechen, die es hat, wenn es ein lautes Geräusch hört.*

*Stellen Sie die Technik des Gedankenstopps vor:* Der Therapeut könnte dem Kind erklären, dass es eine Technik namens Gedankenstopp anwenden kann, um den negativen Gedanken zu unterbrechen.

*Üben Sie die Technik:* Der Therapeut könnte das Kind bitten, sich vorzustellen, dass es ein lautes Geräusch hört und dann laut "Stopp" sagt oder sich ein Stoppschild vorstellt. Das Kind kann dann den negativen Gedanken durch einen positiven ersetzen, z. B. "Ich bin in Sicherheit".

*Verstärken Sie die Technik:* Der Therapeut kann das Kind ermutigen, die Technik des Gedankenstopps in Alltagssituationen anzuwenden. Sie könnten das Kind zum Beispiel bitten, die Technik anzuwenden, wenn es zu Hause oder in der Schule ein lautes Geräusch hört.

*Durch den Einsatz von Techniken zum Stoppen von Gedanken können Kinder die Fähigkeit erwerben, negative Denkmuster zu unterbrechen und sie durch konstruktivere und optimistischere zu ersetzen. Dies kann ihnen helfen, sich besser unter Kontrolle zu fühlen und Gefühle von Angst, Furcht und Hilflosigkeit zu reduzieren. Es ist wichtig zu beachten, dass das Anhalten von Gedanken von einem ausgebildeten Therapeuten angeleitet werden sollte, der dem Kind helfen kann, die Technik in einer sicheren und unterstützenden Umgebung zu üben.*

✓ **Erdungstechniken**: Bei diesen Techniken geht es darum, sich auf den gegenwärtigen Moment zu konzentrieren, um Gefühle von Angst oder Dissoziation zu bewältigen. Zum Beispiel kann sich eine Person auf ihre Umgebung konzentrieren und beschreiben, was sie im Moment sieht, hört, riecht und fühlt. Sie können auch

Achtsamkeitstechniken wie tiefes Atmen anwenden, um präsent zu bleiben.

Erdungstechniken sind hilfreich für Kinder, die sich aufgrund ihres Kindheitstraumas überfordert oder dissoziiert fühlen. Hier ist ein Beispiel dafür, wie es funktionieren könnte:

*Nehmen wir an, ein Kind, das ein Trauma erlebt hat, fühlt sich überwältigt und von seiner Umgebung abgekoppelt. Ein Therapeut, der Erdungstechniken anwendet, kann das Kind durch die folgenden Schritte führen:*

*Identifiziere das Gefühl: Der Therapeut könnte das Kind bitten, die Empfindungen zu beschreiben, die es in seinem Körper erlebt und wie es sich emotional fühlt.*

*Stellen Sie die Erdungstechnik vor: Der Therapeut könnte dem Kind erklären, dass es eine Technik namens Erdung anwenden kann, um sich mehr mit seiner Umgebung verbunden zu fühlen.*

*Üben Sie die Technik: Der Therapeut könnte das Kind bitten, sich auf seine fünf Sinne zu konzentrieren, z. B. sich im Raum umzusehen und zu beschreiben, was es sieht, den Geräuschen im Raum zuzuhören und zu beschreiben, was es hört, oder einen Gegenstand zu halten und zu beschreiben, wie es sich anfühlt. Das Kind kann sich auch auf seine Atmung konzentrieren, tief einatmen und bei jedem Ein- und Ausatmen bis fünf zählen.*

*Verstärken Sie die Technik: Der Therapeut kann das Kind ermutigen, die Erdungstechnik in Alltagssituationen anzuwenden. Zum Beispiel könnten sie das Kind bitten, die Technik anzuwenden, wenn es sich in der Schule oder zu Hause überfordert fühlt.*

*Durch Erdungstechniken können Kinder lernen, sich mit ihrer Umgebung zu verbinden und mehr Kontrolle über ihre Gedanken und Emotionen zu haben. Dies kann ihnen helfen, sich präsenter zu fühlen und Gefühle der Dissoziation oder Überforderung zu reduzieren. Es ist wichtig zu beachten, dass Erdungstechniken von einem ausgebildeten Therapeuten angeleitet werden sollten, der dem Kind helfen kann, die Technik in einer sicheren und unterstützenden Umgebung zu üben.*

✓ **Bildprobentherapie**: Bei diesem Tool werden Visualisierungstechniken verwendet, um positive Erfahrungen oder Bewältigungsstrategien zu üben. Zum Beispiel kann sich eine Person vorstellen, wie sie eine auslösende Situation erfolgreich bewältigt oder sich selbstbewusst und ermächtigt fühlt.

Die Bildprobentherapie ist eine Technik, die häufig verwendet wird, um Kindern, die ein Kindheitstrauma erlebt haben, zu helfen, Albträume oder verstörende Träume zu überwinden. Hier ist ein Beispiel dafür, wie es funktionieren könnte:

*Identifiziere den problematischen Traum: Der Therapeut könnte das Kind bitten, den Albtraum oder den beunruhigenden Traum zu beschreiben, den es erlebt hat. Sie können das Kind auch bitten, zu beschreiben, wie es sich während und nach dem Traum fühlt.*

*Schaffen Sie einen neuen, positiven Traum: Der Therapeut wird mit dem Kind zusammenarbeiten, um einen neuen Traum zu schaffen, der den alten, negativen Traum ersetzt. Der neue Traum sollte positiv und stärkend sein und dem Kind helfen, sich sicher und kontrolliert zu fühlen.*

*Üben Sie den neuen Traum: Das Kind wird ermutigt, den neuen Traum mehrmals am Tag zu üben, indem es lebhafte Bilder und positive Selbstgespräche verwendet. Der Therapeut kann auch Entspannungstechniken wie progressive Muskelentspannung oder tiefes Atmen anwenden, um dem Kind zu helfen, sich zu entspannen und sich wohl zu fühlen, während es den neuen Traum praktiziert.*

*Verstärken Sie den neuen Traum: Der Therapeut ermutigt das Kind, den neuen Traum weiter zu praktizieren, und kann es auch bitten, ein Traumtagebuch zu führen, um seine Fortschritte zu verfolgen. Mit der Zeit wird der neue Traum den alten, negativen Traum ersetzen, und das Kind wird weniger Albträume oder beunruhigende Träume erleben.*

*Durch die Bildprobentherapie können Kinder lernen, ihre Gedanken und Gefühle im Zusammenhang mit traumatischen Erlebnissen neu zu programmieren und durch positive, stärkende Gedanken und Gefühle zu ersetzen. Es ist wichtig zu beachten, dass Bildprobentherapie von einem ausgebildeten Therapeuten geleitet werden sollte, der dem Kind helfen kann, den neuen Traum in einer sicheren und unterstützenden Umgebung zu verwirklichen und zu praktizieren.*

**Verhaltensaktivierung**: Dieses Tool beinhaltet die Planung und Durchführung angenehmer Aktivitäten, um positive Emotionen zu verstärken und negative zu reduzieren. Zum Beispiel kann jemand Zeit einplanen, um Hobbys nachzugehen, Zeit mit seinen Lieben zu verbringen oder sich körperlich zu betätigen.

Die Verhaltensaktivierung ist eine Technik, die verwendet werden kann, um Kindern, die ein Kindheitstrauma erlebt haben, zu helfen, Depressionen oder andere negative

Emotionen zu überwinden. Hier ist ein Beispiel dafür, wie es funktionieren könnte:

*Identifizieren Sie die bevorzugten Aktivitäten des Kindes:* *Der Therapeut wird mit dem Kind zusammenarbeiten, um Aktivitäten zu identifizieren, die dem Kind Spaß macht und die es sinnvoll findet. Dazu können Hobbys, Sport, soziale Aktivitäten oder andere Formen der Erholung gehören.*

*Planen Sie regelmäßige Aktivitäten:* *Der Therapeut hilft dem Kind, diese Aktivitäten regelmäßig zu planen, z. B. einmal pro Woche oder jeden zweiten Tag. Dies wird dem Kind helfen, ein Gefühl von Struktur und Routine in sein Leben zu bringen.*

*Überwachen Sie den Fortschritt:* *Der Therapeut ermutigt das Kind, seine Fortschritte bei der Erledigung der geplanten Aktivitäten zu verfolgen. Dies wird dem Kind helfen zu sehen, wie seine Bemühungen einen positiven Unterschied in seinem Leben machen.*

*Verstärken Sie positives Verhalten:* *Der Therapeut wird dem Kind positive Verstärkung für die Durchführung der geplanten Aktivitäten geben, wie z. B. Lob oder Belohnungen. Dies wird dem Kind helfen, sich motiviert und ermutigt zu fühlen, mit dem Verhaltensaktivierungsprogramm fortzufahren.*

*Durch Verhaltensaktivierung können Kinder lernen, sich an positiven Aktivitäten zu beteiligen, die das Wohlbefinden fördern und dazu beitragen, negative Emotionen wie Depressionen, Angstzustände oder Hilflosigkeit zu reduzieren. Es ist wichtig zu beachten, dass die Verhaltensaktivierung von einem ausgebildeten Therapeuten geleitet werden sollte, der dem Kind helfen kann,*

> *Aktivitäten in einer sicheren und unterstützenden Umgebung zu planen und durchzuführen.*

Dies sind nur einige Beispiele für die Werkzeuge und Strategien, die die kognitive Verhaltenstherapie für den Umgang mit Gedanken und Emotionen im Zusammenhang mit Kindheitstraumata bieten kann. Es ist wichtig zu beachten, dass die Auswahl der in der Therapie eingesetzten Instrumente und Ansätze je nach den besonderen Bedürfnissen und Erfahrungen des Einzelnen unterschiedlich sein kann. Darüber hinaus ist es ratsam, solche Eingriffe unter der Aufsicht eines kompetenten Therapeuten durchzuführen.

# Kindern helfen, ihre Gedanken, Gefühle und Handlungen zu verstehen: Verwendung des CBT-Modells

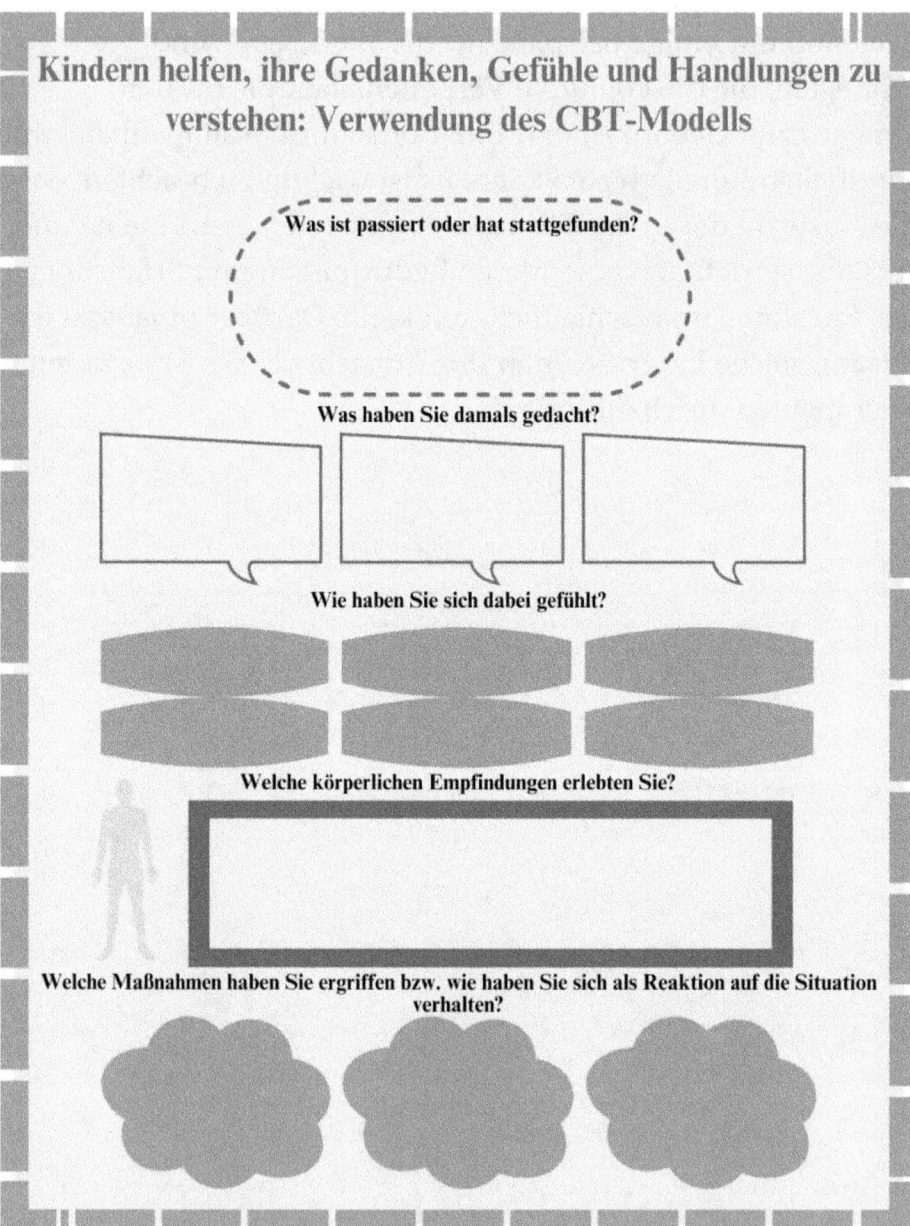

Was ist passiert oder hat stattgefunden?

Was haben Sie damals gedacht?

Wie haben Sie sich dabei gefühlt?

Welche körperlichen Empfindungen erlebten Sie?

Welche Maßnahmen haben Sie ergriffen bzw. wie haben Sie sich als Reaktion auf die Situation verhalten?

## 3.3. Das ABC der Heilung: Wie das ABC-Modell der kognitiven Verhaltenstherapie Ihrem Kind hilft, negative Denkmuster zu erkennen und zu verändern

Das ABC-Modell der kognitiven Verhaltenstherapie ist ein wirksames Werkzeug, um Kindern zu helfen, negative Denkmuster zu erkennen und zu ändern. Hier ist eine Aufschlüsselung, wie es funktioniert:

*A - Aktivierendes Ereignis: Das aktivierende Ereignis ist der Auslöser, der eine Kettenreaktion negativer Gedanken, Gefühle und Verhaltensweisen auslöst. Zum Beispiel kann ein Kind ein aktivierendes Ereignis erleben, wenn es von einem Klassenkameraden gehänselt wird.*

*B - Glaubenssätze: Die Überzeugungen sind die negativen Gedanken, die als Reaktion auf das aktivierende Ereignis entstehen. Diese Gedanken sind oft automatisch und können irrational oder nicht hilfreich sein. Das Kind könnte zum Beispiel glauben: "Ich bin wertlos" oder "Niemand mag mich".*

*C - Konsequenzen: Die Konsequenzen sind die emotionalen und verhaltensbezogenen Reaktionen, die sich aus den Ansichten ergeben. Zum Beispiel könnte sich das Kind traurig, ängstlich oder wütend fühlen und sich aus sozialen Situationen zurückziehen oder auf andere einschlagen.*

Kognitive Verhaltenstherapie hilft Kindern, ihre negativen Überzeugungen zu erkennen und in Frage zu stellen, was zu positiveren Konsequenzen führt. Hier sind einige Beispiele, wie dies funktionieren könnte:

- o **Stellen Sie negative Überzeugungen in Frage**: Wenn ein Kind glaubt, dass "ich wertlos bin", kann ein Therapeut ihm helfen, die Beweise für und gegen diesen Glauben zu untersuchen. Sie können das Kind bitten, an Zeiten zu denken, in denen es stolz auf sich selbst war oder in denen andere ihm Freundlichkeit erwiesen haben, was dazu beigetragen hat, ein ausgeglicheneres und realistischeres Bild von sich selbst zu entwickeln.

o **Ersetzen Sie negative Gedanken**: Sobald ein Kind ein negatives Denkmuster identifiziert hat, kann ein Therapeut ihm helfen, positivere und hilfreichere Gedanken zu entwickeln, um es zu ersetzen. Anstatt zum Beispiel zu denken: "Niemand mag mich", könnte ein Kind lernen, seine Gedanken so umzuformulieren: "Manche Leute mögen mich nicht, aber es gibt viele Leute, die mich mögen."

o **Verhaltensexperimente**: Die kognitive Verhaltenstherapie ermutigt Kinder auch, ihre negativen Überzeugungen in der realen Welt zu testen. Zum Beispiel könnte ein Kind, das glaubt, dass "ich nichts richtig machen kann", gebeten werden, eine neue Aktivität auszuprobieren und zu sehen, wie es läuft. Wenn sie erfolgreich sind, kann es helfen, ihre negativen Überzeugungen in Frage zu stellen und Selbstvertrauen aufzubauen.

Durch die Verwendung des ABC-Modells und anderer kognitiver Verhaltenstherapietechniken können Therapeuten Kindern helfen, ihre negativen Denkmuster zu überwinden und positivere Bewältigungsstrategien zu entwickeln.

# 3.4. Unternehmungen

## Mein ABC

*Das Arbeitsblatt "Mein ABC" kann Kindern helfen, indem es einen strukturierten und organisierten Ansatz bietet, um ihre Gedanken, Gefühle und Verhaltensweisen als Reaktion auf eine auslösende Situation zu identifizieren und zu verstehen. Durch die Zerlegung der Situation in ihre verschiedenen Komponenten (das aktivierende Ereignis, Überzeugungen und Konsequenzen) können Kinder einen Einblick in ihre eigenen Denkmuster gewinnen und wie diese Muster zu ihren negativen Gefühlen und Verhaltensweisen beitragen können. Mit diesem Verständnis können Kinder dann daran arbeiten, ihre negativen Denkmuster zu ändern und positivere Bewältigungsstrategien zu entwickeln.*

# Mein ABC

Anleitung: Das ABC-Modell ist ein Werkzeug, das Ihnen helfen kann zu verstehen, wie Ihre Gedanken, Gefühle und Verhaltensweisen zusammenhängen. Verwenden Sie dieses Arbeitsblatt, um die Verwendung des ABC-Modells zu üben, um Ihre eigenen Gedanken, Gefühle und Verhaltensweisen als Reaktion auf eine auslösende Situation zu identifizieren. Füllen Sie die Lücken aus und überlegen Sie, wie Sie diese Informationen nutzen können, um Ihre Emotionen zu kontrollieren.

A = Aktivierendes Ereignis: Was hat Ihre Emotionen ausgelöst?

B = Überzeugungen: Welche Gedanken oder Überzeugungen haben Sie über das aktivierende Ereignis?

C = Konsequenzen: Welche Gefühle und Verhaltensweisen resultieren aus Ihren Gedanken und Überzeugungen?

Beispiel:

A = Aktivierendes Ereignis: Ich habe in meinem Mathetest eine schlechte Note bekommen.

B = Überzeugungen: Ich werde nie gut in Mathe sein. Mein Lehrer hält mich wahrscheinlich für dumm.

C = Konsequenzen: Ich bin traurig und enttäuscht von mir. Ich möchte meine Hausaufgaben nicht machen und ich möchte nicht zum Matheunterricht gehen.

Jetzt bist du dran:

A = Aktivierendes Ereignis:

_____

B = Überzeugungen:

_____

C = Konsequenzen:

_____

*Frage oder Aufgabe: Inwiefern hat Ihnen die Verwendung des ABC-Modells geholfen, Ihre Gedanken, Gefühle und Verhaltensweisen zu verstehen? Was kannst du tun, um negative Gedanken oder Glaubenssätze in Frage zu stellen und die Konsequenzen zu ändern? Denken Sie daran, dass es in Ordnung ist, Fehler zu machen oder schwierige Emotionen zu haben, und dass Sie jederzeit einen vertrauenswürdigen Erwachsenen oder Psychiater um Hilfe bitten können, wenn Sie sie brauchen.*

## Negative Gedanken ersetzen

*Das Arbeitsblatt "Negative Gedanken ersetzen" ist ein wertvolles Hilfsmittel, um Kindern zu helfen, ihre pessimistischen Gedanken zu erkennen und sie durch konstruktivere und pragmatischere zu ersetzen. Dieses Arbeitsblatt vermittelt Kindern praktische Techniken, um ihre Denkmuster zu ändern und positives Denken zu fördern.*

# Negative Gedanken ersetzen

Hinweise für Eltern: Negative Gedanken können für Kinder schwer zu bewältigen sein und sich auf ihre Emotionen und ihr Verhalten auswirken. Dieses Arbeitsblatt kann Ihrem Kind dabei helfen, negative Gedanken zu erkennen und durch positivere und realistischere zu ersetzen. Nutzen Sie dieses Arbeitsblatt mit Ihrem Kind und führen Sie es durch die einzelnen Schritte.

Identifizieren Sie den negativen Gedanken: Bitten Sie Ihr Kind, den negativen Gedanken zu identifizieren, den es hatte

vor kurzem haben.

Vom Kind identifizierte negative Gedanken:

_____

_____

_____

_____

Fordern Sie den negativen Gedanken heraus: Fragen Sie Ihr Kind, ob der negative Gedanke wahr oder hilfreich ist. Bitten Sie sie, über Beweise nachzudenken, die den negativen Gedanken stützen oder ihm widersprechen.

Fragen an Eltern, die ihr Kind begleiten sollen:

- Ist der negative Gedanke wahr?

- Ist es hilfreich?

- Welche Beweise haben Sie, um den negativen Gedanken zu stützen oder ihm zu widersprechen?

- Von einem Kind identifizierte Beweise:

_____

_____

_____

_____

Ersetzen Sie den negativen Gedanken: Helfen Sie Ihrem Kind, einen positiveren und realistischeren Gedanken zu entwickeln, um den negativen zu ersetzen.

Fragen an Eltern, die ihr Kind begleiten sollen:

- Was wäre ein positiverer und realistischerer Gedanke, der den negativen ersetzen könnte?

- Wie können Sie die Situation in ein positiveres Licht rücken?

- Von einem Kind identifizierte positive Gedanken:

_____

_____

_____

_____

_____

Üben Sie den positiven Gedanken: Ermutigen Sie Ihr Kind, den positiven Gedanken für sich selbst zu wiederholen, ihn aufzuschreiben oder ihn sich vorzustellen. Fragen Sie sie, wie sie sich dabei fühlen.

Fragen an Eltern, die ihr Kind begleiten sollen:

- Wie kann man positives Denken üben?

- Wie fühlst du dich durch den positiven Gedanken?

- Von einem Kind beschriebene Praxis und Gefühle:

_____

_____

_____

_____

_____

***Reflexion:*** *Sprechen Sie mit Ihrem Kind darüber, wie das Ersetzen negativer Gedanken durch positive Gedanken ihm helfen kann, sich besser zu fühlen und seine Emotionen zu kontrollieren. Ermuntern Sie sie, dieses Arbeitsblatt weiterhin zu verwenden, um negative Gedanken zu identifizieren und zu ersetzen. Denken Sie daran, Ihrem Kind Unterstützung anzubieten und bei Bedarf professionelle Hilfe in Anspruch zu nehmen.*

# Kapitel 4: Helfen Sie Ihrem Kind, negative Gedanken und Überzeugungen in Frage zu stellen

Die kognitive Verhaltenstherapie ist ein evidenzbasierter Ansatz, der Menschen hilft, sich mit negativen Denkmustern und Überzeugungen auseinanderzusetzen, die ihr emotionales Wohlbefinden  beeinträchtigen oder negatives Verhalten verursachen können. Das Ziel der kognitiven Verhaltenstherapie ist es, den Einzelnen mit den Fähigkeiten und Werkzeugen auszustatten, die notwendig sind, um negative Gedanken herauszufordern und durch positive und realistische zu ersetzen, was ihnen letztendlich hilft, ein erfüllteres Leben zu führen.

## 4.1. Die Wurzeln negativer Gedanken und Überzeugungen in Ihrem Kind aufdecken

Die Wurzeln negativer Gedanken und Überzeugungen in Ihrem Kind aufzudecken, ist ein wesentlicher Schritt, um ihm zu helfen, sie herauszufordern und zu überwinden.

Hier sind einige Punkte, um zu erklären, wie Eltern die Wurzeln negativer Gedanken und Überzeugungen bei ihren Kindern aufdecken können:

> o *Achten Sie auf das Verhalten Ihres Kindes: Negative Gedanken und Überzeugungen können sich im Verhalten eines Kindes manifestieren. Wenn Ihr Kind häufig verärgert*

*oder ängstlich ist, kann dies ein Hinweis auf zugrunde liegende negative Gedanken oder Überzeugungen sein.*

o **Hören Sie Ihrem Kind zu:** *Ermutigen Sie Ihr Kind, seine Gedanken und Gefühle auszudrücken. Hören Sie aufmerksam und einfühlsam zu, ohne zu urteilen, zu kritisieren oder zu unterbrechen. Sorgen Sie dafür, dass sie sich wohl und sicher fühlen.*

o ***Achten Sie auf seinen Kommunikationsstil:*** *Achten Sie darauf, wie Ihr Kind mit anderen kommuniziert, einschließlich Tonfall und Körpersprache. Dies kann ein Hinweis darauf sein, wie sie über sich selbst und ihre Überzeugungen denken.*

o ***Achte auf Muster:*** *Negative Gedanken und Glaubenssätze können sich aus bestimmten Ereignissen oder Situationen entwickeln. Beobachten Sie das Verhalten und die Gedanken Ihres Kindes in verschiedenen Szenarien, um Muster oder Auslöser zu erkennen.*

o ***Identifiziere vergangene traumatische Erfahrungen:*** *Kindheitstraumata können zu negativen Gedanken und Überzeugungen führen. Wenn Ihr Kind traumatische Ereignisse erlebt hat, kann sich dies auf seine Gedanken und Überzeugungen auswirken. Suchen Sie bei Bedarf professionelle Hilfe.*

o ***Berücksichtigen Sie die Familiendynamik:*** *Negative Gedanken und Überzeugungen können auch von der Familiendynamik herrühren. Wenn es Konflikte oder Probleme innerhalb der Familie gibt, können sie sich auf das Selbstwertgefühl und die Überzeugungen eines Kindes über sich selbst auswirken.*

## 4.2. Abwägung der Beweise: Negative Gedanken und Überzeugungen mit Fakten in Frage stellen

Bei der Abwägung der Beweise werden negative Gedanken und Überzeugungen untersucht und mit sachlichen Beweisen in Frage gestellt. Der transformative Prozess der kognitiven Verhaltenstherapie kann Kinder dazu befähigen, eine optimistischere und positivere Perspektive auf sich selbst und ihre Umwelt zu entwickeln. Hier sind einige Beispiele, wie Eltern ihren Kindern helfen können, negative Gedanken und Überzeugungen mit Fakten in Frage zu stellen:

*Negativer Gedanke:* "*Ich bin ein Versager, weil ich in meinem Test keine Eins bekommen habe.*"

**Herausforderung mit Fakten**: Ermutigen Sie Ihr Kind, die Beweise objektiv zu betrachten. Haben sie fleißig für den Test gelernt? Haben sie ihr Bestes gegeben? Wenn sie diese Fragen mit Ja beantworten können, dann macht sie ein B oder ein C nicht zu einem Versager.

*Negativer Gedanke:* "*Niemand mag mich.*"

**Herausforderung mit Fakten:** Bitten Sie Ihr Kind, Menschen in seinem Leben zu nennen, die ihm Freundlichkeit oder Freundschaft gezeigt haben. Ermutigen Sie sie, über die positiven Interaktionen nachzudenken, die sie mit anderen hatten, und erinnern Sie sie daran, dass eine negative Erfahrung nicht ihren Wert oder ihre Sympathie definiert.

> **Negativer Gedanke:** *"Ich werde nie in irgendetwas gut sein."*
>
> **Herausforderung mit Fakten: Helfen** Sie Ihrem Kind, die Bereiche zu identifizieren, in denen es in der Vergangenheit Verbesserungen oder Erfolge gezeigt hat. Ermutigen Sie sie, sich kleine, erreichbare Ziele zu setzen und darauf hinzuarbeiten. Dies wird ihnen helfen, Selbstvertrauen aufzubauen und ihre Fähigkeiten zu erkennen.

Indem Kinder negative Gedanken und Überzeugungen mit Fakten in Frage stellen, können sie beginnen, Situationen und sich selbst in einem positiveren Licht zu sehen.

## 4.3. Befähigung Ihres Kindes: Techniken, um negative Gedanken durch positive zu ersetzen

Ein entscheidender Schritt, um Kindern zu helfen, negative Überzeugungen zu überwinden, die möglicherweise aus einem Kindheitstrauma resultieren, besteht darin, sie zu befähigen, negative Gedanken durch positive zu ersetzen. Hier sind einige Techniken, mit denen Eltern ihrem Kind helfen können:

> o **Positive Affirmationen**: *Ermutigen Sie Ihr Kind, eine Liste mit positiven Aussagen über sich selbst zu erstellen, z. B. "Ich bin stark" oder "Ich bin fähig". Diese Affirmationen können täglich wiederholt werden, um positive Überzeugungen zu verstärken.*
>
> o **Dankbarkeitsübung**: *Helfen Sie Ihrem Kind, sich auf die positiven Aspekte seines Lebens zu konzentrieren, indem Sie Dankbarkeit üben. Ermutigen Sie sie, Dinge aufzulisten, für die sie jeden Tag dankbar sind, z. B. einen guten Freund oder eine lustige Aktivität, an der sie teilgenommen haben.*

- o **Visualisierung:** *Ermutigen Sie Ihr Kind, sich positive Ergebnisse von Situationen vorzustellen, die zuvor negative Gedanken ausgelöst haben. Wenn Ihr Kind zum Beispiel vor einem Test ängstlich wird, lassen Sie es sich vorstellen, wie es sich während des Tests ruhig und selbstbewusst fühlt.*
- o **Kognitive Umstrukturierung:** *Helfen Sie Ihrem Kind, negative Gedanken neu zu formulieren, indem Sie es ermutigen, nach Beweisen zu suchen, die seinen negativen Überzeugungen widersprechen. Wenn sie zum Beispiel glauben, dass sie "dumm" sind, lassen Sie sie Beispiele auflisten, in denen sie akademisch oder in anderen Bereichen erfolgreich waren.*
- o **Rollenspiele:** *Üben Sie mit Ihrem Kind Situationen, in denen es negative Gedanken durch positive ersetzen kann. Wenn Ihr Kind zum Beispiel vor einer Präsentation nervös wird, lassen Sie es üben, positive Gedanken zu denken, wie z. B. "Ich bin gut vorbereitet" oder "Ich bin ein guter Redner".*

Durch regelmäßiges Üben dieser Techniken können Eltern ihrem Kind helfen, negative Gedanken durch positive zu ersetzen. Ihr Selbstwertgefühl aufzubauen und ihnen zu helfen, negative Überzeugungen zu überwinden, die sich möglicherweise aufgrund eines Kindheitstraumas entwickelt haben.

## 4.4. Unternehmungen

### Beweise dafür und dagegen

*Das Arbeitsblatt "Beweise dafür und dagegen" ist ein kraftvolles Werkzeug, das Kinder befähigt, ihre negativen Gedanken und Überzeugungen zu hinterfragen und zu überwinden. Mit einer* strukturierten Art und Weise, ihre Gedanken zu bewerten, können Kinder objektiv Beweise identifizieren, die ihre negativen Überzeugungen unterstützen oder untergraben. Auf diese Weise können sie sie durch positive und genaue ersetzen und eine widerstandsfähige Denkweise entwickeln, die den Auswirkungen von Kindheitstraumata standhalten kann. Dieses Arbeitsblatt ermöglicht es Kindern, die Kontrolle über ihre Gedanken und Emotionen zu übernehmen, und hilft ihnen, stärkere und selbstbewusstere Individuen zu werden.

# Beweise dafür und dagegen

Anweisungen für Eltern: Negative Gedanken und Überzeugungen können für Kinder eine Herausforderung sein und sich auf ihre Emotionen und ihr Verhalten auswirken. Dieses Arbeitsblatt kann Ihrem Kind dabei helfen, Beweise für und gegen negative Gedanken und Überzeugungen zu erkennen, die es möglicherweise über sich selbst, andere oder die Welt hat. Nutzen Sie dieses Arbeitsblatt mit Ihrem Kind und führen Sie es durch die einzelnen Schritte.

Identifizieren Sie den negativen Gedanken oder Glauben: Bitten Sie Ihr Kind, einen negativen Gedanken oder Glauben zu identifizieren, den es möglicherweise über sich selbst, andere oder die Welt hat.

Von einem Kind erkannter negativer Gedanke/Glaube:

_____

_____

_____

Listen Sie Beweise für den negativen Gedanken/die negative Überzeugung auf: Bitten Sie Ihr Kind, sich Beweise dafür auszudenken

unterstützt den negativen Gedanken oder Glauben.

Fragen an Eltern, die ihr Kind begleiten sollen:

• Welche Beweise haben Sie, um den negativen Gedanken oder Glauben zu stützen?

• Haben Sie Situationen erlebt, die negative Gedanken oder Glaubenssätze bestätigen?

• Beweise für den vom Kind festgestellten negativen Gedanken/Glauben:

_____

_____

_____

Listen Sie Beweise auf, die gegen den negativen Gedanken/die negative Überzeugung sprechen: Bitten Sie Ihr Kind, sich Beweise auszudenken, die dem negativen Gedanken oder der negativen Überzeugung widersprechen.

Fragen an Eltern, die ihr Kind begleiten sollen:

• Gibt es Beweise, die dem negativen Gedanken oder Glauben widersprechen?

• Haben Sie Situationen erlebt, die dem negativen Gedanken oder Glauben widersprechen?

• Beweise gegen den von einem Kind festgestellten negativen Gedanken/Glauben:

_____

_____

_____

Bewerten Sie die Beweise: Bitten Sie Ihr Kind, die Beweise für und gegen den negativen Gedanken oder Glauben zu bewerten.

Fragen an Eltern, die ihr Kind begleiten sollen:

- Welche Beweise sind stärker?

- Stützen die Beweise den negativen Gedanken oder Glauben oder widersprechen sie ihm?

- Beweiswürdigung durch ein Kind:

_____

_____

_____

Ersetzen Sie den negativen Gedanken/Glauben: Helfen Sie Ihrem Kind, einen positiveren und realistischeren Gedanken oder Glauben zu entwickeln, um den negativen zu ersetzen.

Fragen an Eltern, die ihr Kind begleiten sollen:

- Was wäre ein positiverer und realistischerer Gedanke oder Glauben, der den negativen ersetzen könnte?

- Wie können Sie die Situation in ein positiveres Licht rücken?

- Von einem Kind identifizierter positiver Gedanke/Glaube:

_____

_____

Üben Sie den positiven Gedanken/Glauben: Ermutigen Sie Ihr Kind, den positiven Gedanken/Glauben für sich selbst zu wiederholen, ihn aufzuschreiben oder ihn sich vorzustellen. Fragen Sie sie, wie sie sich dabei fühlen.

Fragen an Eltern, die ihr Kind begleiten sollen:

- Wie können Sie den positiven Gedanken/Glauben praktizieren?

- Wie fühlen Sie sich durch den positiven Gedanken/Glauben?

- Vom Kind beschriebene Praxis und Gefühle:

_____

_____

_____

*Reflexion*: Stärken Sie Ihr Kind, indem Sie besprechen, wie das Erkennen von Beweisen für und gegen negative Gedanken ihm helfen kann, Situationen objektiver zu betrachten. Ermutigen Sie sie, dieses Arbeitsblatt weiterhin zu verwenden, um negative Gedanken und Überzeugungen in Frage zu stellen. Denken Sie daran, Ihre unerschütterliche Unterstützung anzubieten und Ihrem Kind bei Bedarf zu helfen, professionelle Hilfe in Anspruch zu nehmen.

## Positive Affirmationen

*Das Arbeitsblatt "Positive Affirmationen" kann Kindern helfen, Aussagen zu machen, die ihre negativen Gedanken und Überzeugungen in Frage stellen. Indem Kinder negative Selbstgespräche durch positive Affirmationen ersetzen, können sie ihr Selbstwertgefühl und ihr Selbstvertrauen verbessern. Dieses Arbeitsblatt ermutigt Kinder, über ihre positiven Eigenschaften nachzudenken und Aussagen zu machen, die sie widerspiegeln. Beispiele für positive Affirmationen können sein: "Ich bin fähig", "Ich bin stark" oder "Ich verdiene Liebe und Respekt". Durch die Wiederholung dieser positiven Affirmationen können Kinder negative Gedanken durch positive ersetzen und sich gestärkt und selbstbewusster fühlen.*

# Positive Affirmationen

Anleitung: Schreiben Sie in das dafür vorgesehene Feld positive Affirmationen auf, die negative Gedanken und Überzeugungen, die Sie möglicherweise über sich selbst haben, in Frage stellen. Versuchen Sie, diese Affirmationen spezifisch und bedeutungsvoll für Sie zu formulieren.

1. _____

2. _____

3. _____

4. _____

5. _____

6. _____

7. _____

8. _____

9. _____

10. _____

Helfen wir Ihren Kindern durch diese Aktivität, ihre Gedanken, Gefühle und Handlungen miteinander zu verbinden.

**Bonus:** *Wählen Sie ein oder zwei Affirmationen aus Ihrer Liste aus und wiederholen Sie sie eine Woche lang jeden Tag für sich selbst. Achte darauf, wie du dich fühlst und welche Veränderungen in deinen Gedanken oder Verhaltensweisen auftreten.*

# KARTIEREN SIE IHRE GEDANKEN, GEFÜHLE UND HANDLUNGEN

**Schritte:**

**Identifizieren Sie Auslöser, die bei Ihnen eine bestimmte Reaktion hervorrufen.**

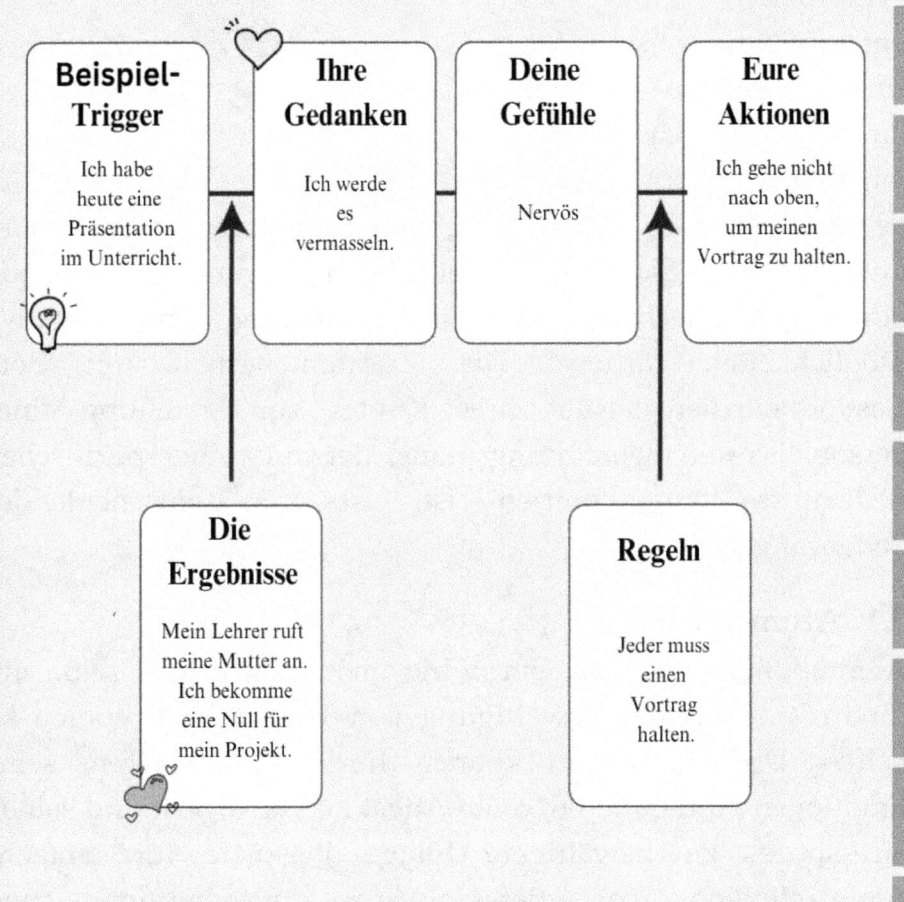

**Beispiel-Trigger**

Ich habe heute eine Präsentation im Unterricht.

**Ihre Gedanken**

Ich werde es vermasseln.

**Deine Gefühle**

Nervös

**Eure Aktionen**

Ich gehe nicht nach oben, um meinen Vortrag zu halten.

**Die Ergebnisse**

Mein Lehrer ruft meine Mutter an. Ich bekomme eine Null für mein Projekt.

**Regeln**

Jeder muss einen Vortrag halten.

# Kapitel 5: Unterstützung der Bewältigungsstrategien Ihres Kindes zur Bewältigung von Trauma Symptomen

Um die Bewältigungsstrategien Ihres Kindes bei der Bewältigung von Trauma Symptomen zu unterstützen, müssen Sie eine sichere und fürsorgliche Umgebung schaffen, Ihrem Kind  helfen, seine Gefühle zu erkennen und auszudrücken, ihm Entspannungstechniken beibringen und gesunde Bewältigungsmechanismen wie Bewegung und kreative Möglichkeiten fördern. Die Zusammenarbeit mit dem Gesundheitsdienstleister Ihres Kindes zur Erstellung eines personalisierten Behandlungsplans, der auf seine spezifischen Bedürfnisse zugeschnitten ist, ist von entscheidender Bedeutung.

## 5.1. Atemübungen

Atemübungen können ein wirksames Hilfsmittel sein, um Ihrem Kind bei der Bewältigung von Trauma Symptomen zu helfen. Diese Übungen können Ihrem Kind helfen, seine Emotionen zu regulieren, seine Angst zu verringern und seinen Stresspegel zu bewältigen. Einige Beispiele für einfache Atemtechniken sind tiefes Atmen, Bauchatmung und Boxatmung.

*Tiefes Atmen* beinhaltet das Einatmen durch die Nase, das Füllen der Lunge mit Luft und das langsame Ausatmen durch den Mund, um die Lunge vollständig zu entleeren.

*Bei der Bauchatmung* legen Sie eine Hand auf die Brust und die andere auf den Bauch, atmen tief durch die Nase ein, während Sie spüren, wie sich der Bauch hebt, und atmen dann langsam durch den Mund aus, während Sie spüren, wie der Bauch fällt.

*Box-Atmung*, bei der Personen vier Zählungen lang langsam einatmen, vier Zählungen lang den Atem anhalten, vier Zählungen lang langsam ausatmen und vier Zählungen lang den Atem anhalten, bevor der Zyklus erneut beginnt.

Sie können Ihr Kind motivieren, diese Atemübungen in einer friedlichen und ruhigen Umgebung zu Hause zu praktizieren und in seinen Alltag zu integrieren. Sie können ihnen auch vorschlagen, diese Übungen anzuwenden, wenn sie sich überfordert oder ängstlich fühlen oder bevor sie an Aktivitäten teilnehmen, die ihre Trauma-Symptome auslösen können. Indem Sie Ihrem Kind diese Bewältigungsstrategien beibringen und ihm die Ressourcen zur Verfügung stellen, um mit seinen Trauma-Symptomen umzugehen, können Sie ihm helfen, seine Emotionen besser unter Kontrolle zu haben und sein allgemeines Wohlbefinden zu verbessern.

## 5.2. Achtsamkeitspraktiken

Achtsamkeitsübungen können ein hilfreicher Ansatz sein, um Kinder bei der Bewältigung von Trauma Symptomen zu unterstützen. Das Üben von Achtsamkeit bedeutet, ganz im Moment präsent zu sein, ohne zu urteilen oder abgelenkt zu werden, was Kindern helfen kann, ihr Selbstbewusstsein zu steigern und ihre Gedanken und Emotionen effektiv zu regulieren, um zu verhindern, dass sie überwältigt werden.

Verschiedene Techniken können eingesetzt werden, um die Achtsamkeit bei Kindern zu fördern, darunter Körper Scans, achtsames Atmen, achtsame Bewegung, achtsames Essen, geführte Meditation und Kunsttherapie. Bei einem Körper Scan wird auf jeden Körperteil fokussiert, um körperliche Empfindungen oder Spannungen zu identifizieren, was dazu beiträgt, Stress abzubauen und die Entspannung zu fördern. Beim achtsamen Atmen geht es darum, langsam und tief einzuatmen und sich auf das Gefühl des Atmens zu konzentrieren, um das Nervensystem zu beruhigen und Ängste abzubauen.

Achtsame Bewegung wie Yoga oder Tai Chi ist eine sanfte Übungsform, die Kinder dazu anregt, sich ihres Körpers bewusster zu werden und Verspannungen zu lösen. Achtsames Essen erfordert, dass sich eine Person auf den gegenwärtigen Moment konzentriert, einschließlich der sensorischen Details des verzehrten Lebensmittels, wie z. B. Geschmack, Textur und Aroma. Diese Praxis hat das Potenzial, ein Gefühl der Ruhe und Leichtigkeit hervorzurufen.

Bei der geführten Meditation muss man einem Führer zuhören, der die Kinder ermutigt, sich auf ihren Atem, ihre

Körperempfindungen oder ihre Visualisierungen zu konzentrieren. Dies kann ihnen helfen, sich entspannter und konzentrierter zu fühlen. Kunsttherapie ist eine weitere Technik, die kreativen Ausdruck nutzt, um Kindern zu helfen, ihre Gedanken und Emotionen in einer sicheren und nicht wertenden Umgebung auszudrücken. Kunst kann auch als Achtsamkeitspraxis eingesetzt werden, bei der sich Kinder auf den gegenwärtigen Moment konzentrieren und Kunst schaffen können, was dazu beitragen kann, Ängste abzubauen und die Stimmung zu verbessern.

Eltern können die Achtsamkeitspraxis ihres Kindes unterstützen, indem sie es ermutigen, diese Techniken regelmäßig zu üben, und einen sicheren und komfortablen Raum dafür schaffen. Eltern können auch mit ihrem Kind an der Praxis teilnehmen, um das Verhalten vorzuleben und die Bedeutung der Selbstfürsorge zu betonen.

## 5.3. Erdungstechniken

Erdungstechniken können eine hilfreiche Bewältigungsstrategie für Kinder sein, die ein Trauma erlebt haben. Diese Techniken können Kindern helfen, sich im Moment präsenter zu fühlen und die Schwere ihrer Trauma-Symptome zu verringern. Hier sind einige Methoden der Erdungstechniken, die die Bewältigungsstrategien Ihres Kindes zur Bewältigung von Trauma Symptomen unterstützen können:

*Erdung der fünf Sinne: Bitten Sie Ihr Kind, sich auf jeden seiner Sinne (Sehen, Hören, Fühlen, Riechen, Schmecken) zu konzentrieren, und nennen Sie fünf Dinge, die es für jeden Sinn bemerkt. Das hilft ihnen, im Moment präsent zu sein und sich auf die Gegenwart zu konzentrieren.*

**Atemerdung**: Bitten Sie Ihr Kind, beim Ein- und Ausatmen tief durchzuatmen und sich auf seinen Atem zu konzentrieren. Sie können sie auch bitten, ihre Atemzüge zu zählen, während sie sie nehmen.

**Progressive Muskelentspannung:** Sie können Ihrem Kind helfen, sich zu entspannen und präsenter im Moment zu sein, indem Sie es durch das Anspannen und Lösen jeder Muskelgruppe in seinem Körper führen, beginnend mit den Zehen bis zum Kopf.

**Achtsames Gehen**: Ermutigen Sie Ihr Kind, einen langsamen, achtsamen Spaziergang zu machen und sich auf die körperlichen Empfindungen des Gehens zu konzentrieren, z. B. das Gefühl, dass seine Füße den Boden berühren.

**Positive Selbstgespräche**: Wenn Sie Ihr Kind zu positiven Selbstgesprächen ermutigen, kann dies hilfreich sein, um seine Emotionen in schwierigen Momenten zu bewältigen. Sie können Ihrem Kind dabei helfen, positive Affirmationen zu erstellen, die es sich selbst wiederholen kann, wenn es sich gestresst oder ängstlich fühlt. Beispiele für Affirmationen sind Sätze wie "Ich bin sicher", "Ich bin stark" oder "Ich kann das überwinden". Indem Sie diese positiven Aussagen wiederholen, kann Ihr Kind dazu beitragen, seine Denkweise zu ändern und mehr Kontrolle über seine Emotionen zu haben. Es ist wichtig, Affirmationen zu erstellen, die mit den Erfahrungen und Gefühlen Ihres Kindes in Einklang stehen, da sie am effektivsten sind, um eine positive Einstellung zu fördern.

Es ist wichtig zu beachten, dass unterschiedliche Erdungstechniken für verschiedene Kinder besser funktionieren können, und es kann einige Experimente erfordern, um die effektivsten Techniken für Ihr Kind zu finden. Ermutigen Sie Ihr Kind, diese Techniken regelmäßig zu üben, auch wenn es keine Trauma-Symptome hat, um seine Widerstandsfähigkeit und Bewältigung Fähigkeiten zu stärken.

## 5.4. Strategien zur Selbstberuhigung

Selbstberuhigungsstrategien sind Techniken, die Kindern helfen können, sich zu beruhigen und ihre Emotionen auf gesunde Weise zu steuern. Hier sind einige Beispiele für selbst beruhigend Strategien, die für Kinder, die ein Trauma erlebt haben, hilfreich sein können:

*Visualisierung: Ermutigen Sie Ihr Kind, sich eine friedliche Szene oder eine glückliche Erinnerung vorzustellen. Dies kann ihnen helfen, positivere Emotionen zu empfinden und Stress abzubauen.*

*Sensorische Aktivitäten: Stellen Sie Ihrem Kind Gegenstände zur Verfügung, die eine beruhigende sensorische Qualität haben, wie z. B. eine weiche Decke oder einen Stressball. Diese Gegenstände können Ihrem Kind helfen, sich geerdeter und sicherer zu fühlen.*

*Achtsames Ausmalen oder Zeichnen: Stellen Sie Ihrem Kind Papier und Mal- oder Zeichenmaterial zur Verfügung und ermutigen Sie es, sich beim Schaffen auf den gegenwärtigen Moment zu konzentrieren. Dies kann ihnen helfen, sich ruhiger und zentrierter zu fühlen.*

Die effektivsten Strategien zur Selbstberuhigung für Ihr Kind zu finden, erfordert individuelle Aufmerksamkeit und Experimente. Darüber hinaus ist es wichtig, Ihrem Kind die

Möglichkeit zu geben, diese Strategien regelmäßig zu üben, auch wenn es sich nicht besonders gestresst oder überfordert fühlt, damit es zu einem natürlichen Teil seines Werkzeugkastens für Bewältigung Fähigkeiten wird.

## 5.5. Unternehmungen

### Meine Erdungstechniken

*Das Arbeitsblatt "Meine Erdungstechniken" hilft Kindern, verschiedene Techniken zu erkennen und zu üben, die ihnen helfen können, sich ruhig und präsent zu fühlen. Dieses Arbeitsblatt ist von entscheidender Bedeutung, da es Kindern hilft, ihre Trauma-Symptome zu bewältigen und ein Gefühl der Kontrolle über ihre Emotionen vermittelt. Es ermöglicht Kindern, verschiedene Erdungstechniken zu erforschen, die für sie am besten funktionieren, und ein personalisiertes Toolkit zu erstellen, um mit Trauma-Auslöser umzugehen. Insgesamt fördert dieses Arbeitsblatt die Selbstwahrnehmung und Selbstregulierung von Kindern, was zu einem verbesserten emotionalen Wohlbefinden führt.*

# Meine Erdungstechniken

Anleitung: Erdungstechniken können Ihnen helfen, sich präsenter und ruhiger zu fühlen, wenn Sie sich überfordert oder ängstlich fühlen. Dieses Arbeitsblatt soll Ihnen dabei helfen, verschiedene Erdungstechniken zu identifizieren und zu üben, die für Sie funktionieren. Füllen Sie die Lücken aus und üben Sie jede Technik, bis Sie herausgefunden haben, was für Sie am besten funktioniert.

**Nennen Sie drei Dinge, die Sie um sich herum sehen können:**

_____

_____

_____

**Nennen Sie drei Dinge, die Sie um sich herum hören können:**

_____

_____

_____

**Nennen Sie drei Dinge, die Sie um sich herum berühren können:**

_____

_____

_____

**Atmen Sie zehnmal tief durch; Beim Einatmen bis fünf und beim Ausatmen bis fünf zählen:**

_____

_____

_____

Verwenden Sie einen erdenden Gegenstand, etwa einen
Stressball oder ein Zappelspielzeug, und konzentrieren Sie sich auf seine
Beschaffenheit und darauf, wie er sich in Ihren Händen anfühlt:

_____

_____

_____

_____

Gehen Sie spazieren und konzentrieren Sie sich auf Ihre
Umgebung, zum Beispiel auf das Gefühl Ihrer Füße auf dem
Boden oder auf die Geräusche der Natur. notiere es:

_____

_____

_____

_____

Erinnern Sie sich durch positive Selbstgespräche daran, dass Sie in
Sicherheit sind und in der Lage sind, mit Ihren Emotionen umzugehen.
Schreiben Sie nun drei positive Zeilen:

_____

_____

_____

_____

# Zeichnen oder malen Sie ein Bild, das Sie glücklich oder ruhig macht

Wickeln Sie sich in eine kuschelige Decke oder umarmen Sie ein Stofftier; Beschreiben Sie Ihre Gefühle:

_____

_____

_____

Hören Sie beruhigende Musik oder Geräusche wie Naturgeräusche oder weißes Rauschen. Beschreiben Sie, wie es sich anfühlt:

_____

_____

_____

Tipps:

Nehmen Sie ein warmes Bad oder eine warme Dusche und verwenden Sie Duftseife oder Badebomben.

Nutzen Sie eine Aromatherapie, zum Beispiel ätherische Öle oder eine Duftkerze.

Gönnen Sie sich einen Lieblingssnack oder ein Lieblingsgetränk, zum Beispiel heißen Kakao oder Popcorn.

# Schreiben Sie in ein Tagebuch

Das Zeichnen von Bildern ist eine hilfreiche Möglichkeit, mit schwierigen oder unerwarteten Situationen umzugehen, die verschiedene Emotionen auslösen können. Heute können Sie diese Technik nutzen, um Ihre aktuellen Gefühle auszudrücken und zu verarbeiten, indem Sie ein Bild erstellen, das sie darstellt.

DATUM:

# Anleitung: Würfeln Sie und führen Sie die Aktivitäten entsprechend aus

|  |  | | | |
|---|---|---|---|---|
| ⚀ | Bejahung | "Ich bin sicher" | "Ich bin mutig" | „Ich kann mit dieser Situation umgehen" |
| ⚁ | Unterstützung | Identifizieren Sie jemanden in der Schule, der. unterstützt Sie. | Nennen Sie einen Freund, der Sie unterstützt. | Finden Sie jemanden zu Hause, der Sie unterstützt. |
| ⚂ | Ziehen um | Machen Sie Liegestütze an der Wand. | Machen Sie Jumping Jacks. | Tanzen Sie zu Ihrer Lieblingsmusik. |
| ⚃ | Atmung | Legen Sie Ihre Hand auf Ihr Herz. | Machen Sie die Schmetterlingstechnik. | Blasen blasen. |
| ⚄ | Dehnen | Machen Sie die Drachenpose. Machen Sie die Stuhlpose. | Bringe deine Hände zu deinem Herzen. Machen Sie die Froschpose. | Machen Sie die Dreieckshaltung. Machen Sie die Kriegerpose. |
| ⚅ | Erdung | Identifizieren Sie drei Dinge, die Sie hören und zwei Dinge, die Sie riechen können. | Identifizieren Sie drei grüne Dinge, zwei blaue Dinge und ein rotes Ding im Raum. | Umarmen Sie sich selbst und nennen Sie den aktuellen Tag, das Datum und Ihren Standort. |

# Meditation ist gut für dich.

Stellen Sie zunächst einen Timer auf 10 Minuten ein. Setzen Sie sich in eine bequeme Position und schließen Sie die Augen. Lenken Sie Ihre Aufmerksamkeit auf Ihre Atmung. Atmen Sie langsam durch die Nase ein und konzentrieren Sie sich auf das Geräusch Ihres Atems. Atme durch die Nase aus. Wenn Ihre Gedanken abschweifen, lenken Sie Ihre Aufmerksamkeit sanft wieder auf Ihren Atem. Wenn der Timer abläuft, öffnen Sie langsam Ihre Augen. Führen Sie täglich ein Tagebuch, um Ihr Meditationserlebnis und Ihre Gefühle dabei festzuhalten. Am Anfang mag es schwierig sein, aber geben Sie nicht auf! Mit konsequenter Übung werden Sie in kürzester Zeit in der Lage sein, wie Yoda zu meditieren.

# Färbe Yoda!

**Reflexion:** Übe jede Erdungstechnik und achte darauf, wie du dich dabei fühlst. Welche Techniken funktionieren für Sie am besten? Erstelle eine Liste deiner Lieblings-Erdungstechniken und behalte sie bei dir, wenn du sie brauchst. Denken Sie daran, dass Erdungstechniken ein Werkzeug sind, das Ihnen hilft, Ihre Emotionen zu kontrollieren, und es ist in Ordnung, einen vertrauenswürdigen Erwachsenen oder Psychiater um Hilfe zu bitten, wenn Sie sie brauchen.

# Kapitel 6: Unterstützen Sie Ihr Kind bei der Überwindung von Angst und Vermeidung

Um Ihr Kind bei der Überwindung von Angst und Vermeidung zu unterstützen, müssen Sie ihm eine sichere und unterstützende Umgebung bieten, in der es seine Ängste und Ängste ausdrücken kann.

Ermutigen Sie Ihr Kind, sich seinen Ängsten schrittweise und unterstützend zu stellen, anstatt sie ganz zu vermeiden. Unterstützen Sie sie beim Erlernen von Bewältigungs Techniken wie Bauchatmung, Bewusstsein für den gegenwärtigen Moment und optimistischer Selbstdialog. Es ist auch wichtig, professionelle Hilfe in Anspruch zu nehmen, wenn die Angst und Vermeidung Ihres Kindes sein tägliches Leben beeinträchtigen oder erheblichen Stress verursachen.

## 6.1. Vermeidungsverhalten bei Kindern verstehen

Vermeidungsverhalten bei Kindern ist häufig, insbesondere wenn sie Angst oder Besorgnis haben. Hier sind einige Beispiele für Vermeidungsverhalten, das Kinder zeigen können:

o *Verweigerung des Besuchs einer Schule oder gesellschaftlicher Veranstaltungen: Ein Kind vermeidet es möglicherweise, zur Schule oder zu gesellschaftlichen Veranstaltungen zu gehen, weil es Angst hat, sich in unbekannten Situationen zu befinden oder mit anderen zu interagieren.*

o **Vermeidung bestimmter Aktivitäten oder Aufgaben:** *Kinder können bestimmte Aktivitäten oder Aufgaben vermeiden, die sie als herausfordernd oder schwierig empfinden, wie z. B. öffentliches Reden oder die Teilnahme an Sport.*

o **Wiederholte Suche nach Beruhigung:** *Ein Kind kann wiederholt Beruhigung von Eltern oder Betreuern suchen, um seine Angst abzubauen, z. B. indem es fragt, ob eine Tür mehrmals verschlossen ist.*

o **Körperliche Symptome:** *Einige Kinder können körperliche Symptome wie Kopfschmerzen, Bauchschmerzen oder Übelkeit zeigen, um bestimmte Situationen oder Aufgaben zu vermeiden.*

o **Prokrastination:** *Kinder können eine Aufgabe oder ein Projekt, das ihnen Angst bereitet, aufschieben oder verzögern, z. B. für eine Prüfung zu lernen oder ein Schulprojekt abzuschließen.*

Es ist wichtig zu verstehen, dass Vermeidungsverhalten die Angst verschlimmern und die Fähigkeit eines Kindes einschränken kann, sich an Aktivitäten zu beteiligen, die für sein Wachstum und seine Entwicklung wichtig sind. Eltern und Betreuer können Kindern helfen, Vermeidungsverhalten zu überwinden, indem sie sie unterstützen und ihnen Bewältigung Fähigkeiten beibringen, um mit ihren Ängsten und Ängsten umzugehen.

## 6.2. Allmähliche Exposition gegenüber befürchteten Situationen

Allmähliche Exposition ist eine gängige Verhaltenstechnik, die verwendet wird, um Kindern zu helfen, ihre Ängste und ihr Vermeidungsverhalten zu überwinden. Es geht darum, das Kind schrittweise der gefürchteten Situation oder dem gefürchteten Objekt in einer kontrollierten und unterstützenden Umgebung auszusetzen, so dass sich das Kind allmählich wohler und weniger ängstlich fühlt.

Der Prozess umfasst in der Regel mehrere Schritte, beginnend mit der Exposition gegenüber weniger bedrohlichen Reizen und schreitet im Laufe der Zeit zu schwierigeren Situationen über. Zum Beispiel kann ein Kind, das Angst vor Hunden hat, damit beginnen, sich Bilder von Hunden anzusehen, dann Videos von Hunden anzusehen, gefolgt von der Interaktion mit einem ruhigen und freundlichen Hund an der Leine und schließlich in der Nähe eines unangeleinten Hundes.

Der Schlüssel zu einer erfolgreichen schrittweisen Exposition liegt darin, im Tempo des Kindes vorzugehen, damit es die Intensität der Exposition kontrollieren und bei Bedarf Pausen einlegen kann. Es ist auch wichtig, auf dem Weg dorthin positive Verstärkung und Ermutigung zu geben und die Bemühungen und Fortschritte des Kindes anzuerkennen.

Durch die wiederholte Exposition gegenüber der gefürchteten Situation oder dem gefürchteten Objekt können die Angst- und Vermeidung Verhaltensweisen des Kindes allmählich abnehmen, sodass es sich selbstbewusster und kontrollierter fühlt. Allmähliche Exposition kann eine sehr effektive Technik sein, um Kindern zu helfen, ihre Ängste zu überwinden und ihre Fähigkeit wiederzuerlangen, an Aktivitäten und Erfahrungen teilzunehmen, die ihnen Spaß machen.

## 6.3. Üben von Entspannungstechniken während der Exposition

Der Einsatz von Entspannungstechniken in Verbindung mit einer Expositionen Therapie kann eine wertvolle Methode sein, um Kindern zu helfen, Angst und Vermeidung zu überwinden. Wenn ein Kind auf eine Situation stößt, die Angst auslöst, kann dies zu einer Stressreaktion im Körper führen, die Gefühle von Angst und Anspannung hervorruft. Eltern können ihren Kindern jedoch Entspannungstechniken beibringen, die ihnen helfen, mit diesen Emotionen umzugehen und ruhiger und kontrollierter mit der Situation umzugehen.

Zu den Entspannungstechniken, die während der Expositionen Therapie wirksam sind, gehören tiefes Atmen, progressive Muskelentspannung und Visualisierung. Tiefes Atmen bedeutet, tief durch die Nase einzuatmen und langsam durch den Mund auszuatmen, wobei man sich auf jeden Atemzug konzentriert, um die Entspannung zu fördern. Progressive Muskelentspannung ist eine Technik, bei der verschiedene Muskelgruppen, wie z. B. die Gliedmaßen, nacheinander angespannt und entspannt werden, um Verspannungen zu lösen und die Ruhe zu fördern. Visualisierung beinhaltet die Visualisierung einer friedlichen und ruhigen Szene, wie z. B. eines Strandes oder Waldes, um Ängste abzubauen und die Entspannung zu fördern.

Durch das Üben dieser Entspannungstechniken während der Expositionen Therapie können Kinder lernen, mit ihren Ängsten umzugehen und Vertrauen in ihre Fähigkeit aufzubauen, mit schwierigen Situationen umzugehen. Schließlich können diese Techniken zu einem integralen Bestandteil ihrer Bewältigungsstrategien werden, die es ihnen ermöglichen, Stresssituationen mit größerer Leichtigkeit und Widerstandsfähigkeit zu bewältigen

## 6.4. Unternehmungen

### Mutige Schritte: Mit kognitiver Verhaltenstherapie den Ängsten begegnen

*Das Arbeitsblatt "Mutige Schritte: Mit kognitiver Verhaltenstherapie seinen Ängsten begegnen" ist ein wichtiges Hilfsmittel für Kinder, die mit Ängsten und Ängsten zu kämpfen haben. Es bietet einen strukturierten Ansatz, um ihre Ängste zu erkennen und zu verstehen, negative Gedanken in Frage zu stellen, Ziele und Handlungen zu setzen und positive Verhaltensweisen zu verstärken. Mit diesem Arbeitsblatt können Kinder die Fähigkeiten und das Selbstvertrauen entwickeln, um sich ihren Ängsten zu stellen und ihre psychische Gesundheit und ihr Wohlbefinden zu verbessern.*

# Mutige Schritte: Mit Kognitive Verhaltenstherapie Ihren Ängsten begegnen

**Anweisungen:**

Denken Sie an eine Angst, die Sie vermieden haben. Es kann alles sein, von der Angst vor Spinnen bis hin zur Angst, vor anderen zu sprechen.

Schreiben Sie unten Ihre Angst auf:

Furcht: _____

_____

Lassen Sie uns nun Ihre Angst in kleinere Teile zerlegen. Schreiben Sie die konkreten Situationen auf bzw

Auslöser, die Ihnen Angst machen:

Situation/Auslöser 1:_____

Situation/Auslöser 2: _____

Situation/Auslöser 3:_____

Lassen Sie uns als Nächstes die Gedanken und Gefühle identifizieren, die Sie haben, wenn Sie sich Ihrer Angst stellen. Schreibe Ihnen unten:

Gedanken: _____

Gefühle: _____

Maintenant, défions ces pensées. Sont-ils basés sur des faits ou des hypothèses ? Notez les preuves qui appuient ou infirment vos pensées :

Anzeichen für: _____

Beweise gegen: _____

Welchen ausgewogeneren Gedanken könnten Sie nach Betrachtung der Beweise über die Situation haben? Schreiben Sie es unten auf:

Ausgewogener Gedanke: _____

Lassen Sie uns abschließend einen Plan erstellen, wie Sie Ihrer Angst begegnen können. Schreiben Sie ein konkretes Ziel auf, auf das Sie hinarbeiten können, und einen Plan, wie Sie es erreichen können:

Ziel: _____

Planen: _____

Denken Sie daran, Schritt für Schritt vorzugehen und während des gesamten Prozesses freundlich zu sich selbst zu sein. Sich seinen Ängsten zu stellen, kann eine Herausforderung sein, aber mit Kognitive Verhaltenstherapie können Sie lernen, mit Ihren Ängsten umzugehen und Vermeidungsverhalten zu überwinden.

# Belastende Gedanken überwinden

Wenn Sie mit einem beunruhigenden Gedanken zu kämpfen haben, können Sie einige Nachforschungen anstellen, um festzustellen, ob er wahr ist oder nicht. Schreiben Sie Ihren beunruhigenden Gedanken in die große Wolke unten und erkunden Sie dann die kleineren Wolken nach Fragen, die Sie sich stellen können.

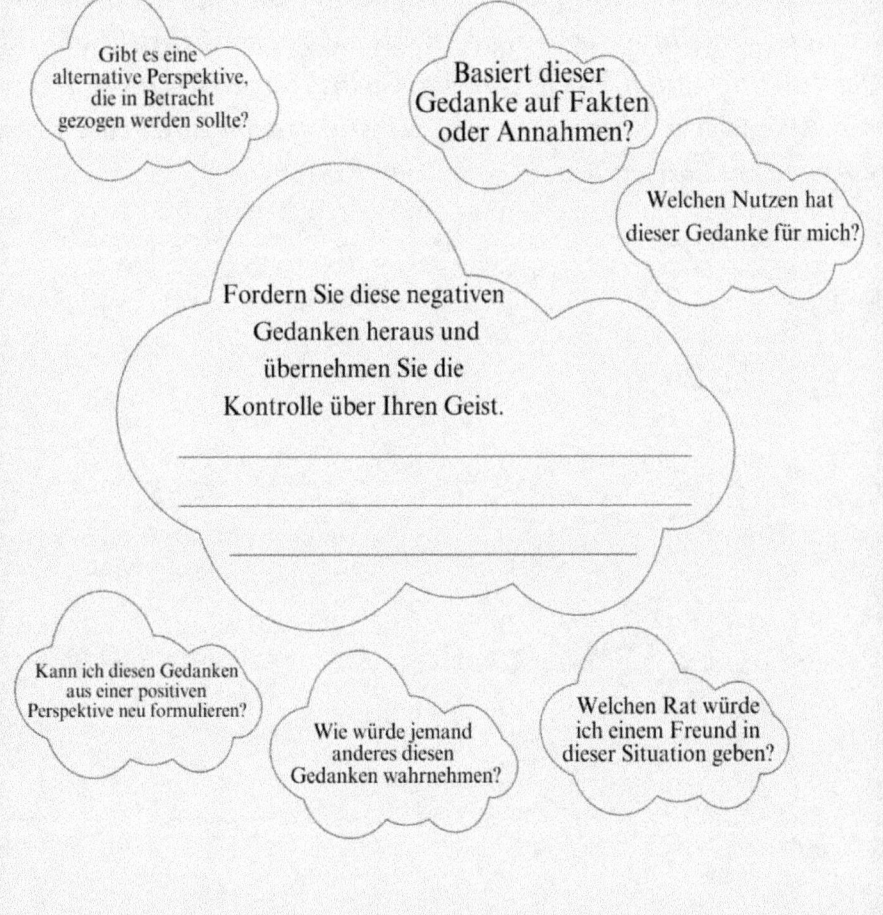

Gibt es eine alternative Perspektive, die in Betracht gezogen werden sollte?

Basiert dieser Gedanke auf Fakten oder Annahmen?

Welchen Nutzen hat dieser Gedanke für mich?

Fordern Sie diese negativen Gedanken heraus und übernehmen Sie die Kontrolle über Ihren Geist.

Kann ich diesen Gedanken aus einer positiven Perspektive neu formulieren?

Wie würde jemand anderes diesen Gedanken wahrnehmen?

Welchen Rat würde ich einem Freund in dieser Situation geben?

# Meinen Ängsten begegnen

*Das Arbeitsblatt "Sich meinen Ängsten stellen" hilft Kindern, ihre Ängste zu identifizieren und eine Angsthierarchie zu erstellen, die auf dem Grad der Angst basiert, den jede Angst hervorruft. Das Arbeitsblatt bietet eine Schritt-für-Schritt-Methode, um das Kind schrittweise an Situationen heranzuführen, die Angst auslösen. Der Prozess beginnt mit der am wenigsten angstauslösenden Situation und steigt mit jeder erfolgreichen Exposition in der Hierarchie auf. Durch die Aufteilung der Angst in überschaubare Schritte und die Unterstützung durch einen vertrauenswürdigen Erwachsenen kann dieses Arbeitsblatt Kindern helfen, Selbstvertrauen aufzubauen und ihre Ängste zu überwinden*

# Sich meinen Ängsten stellen

Anleitung: Listen Sie in dem dafür vorgesehenen Feld Ihre Ängste in der Reihenfolge auf, von der geringsten zur gruseligsten. Überlegen Sie sich dann konkrete Schritte, die Sie unternehmen können, um jeder Angst nach und nach zu begegnen, beginnend mit der geringsten

gruselig.

**Angsthierarchie:**

**Schritte, um mich meinen Ängsten zu stellen:**

**Angst Nr. 1:** _____

Schritt 1: _____

Schritt 2: _____

Schritt 3: _____


**Angst Nr. 2:** _____

Schritt 4: _____

Schritt 5: _____

Schritt 6: _____


**Angst Nr. 3:** _____

Schritt 7: _____

Schritt 8: _____

Schritt 9: _____

Listen Sie weiterhin die Schritte für jede Angst in Ihrer Hierarchie auf.

*Bonus:* *Wählen Sie eine Angst aus Ihrer Hierarchie und üben Sie, sich ihr diese Woche mit der Unterstützung eines vertrauenswürdigen Erwachsenen zu stellen. Denken Sie daran, einen Schritt nach dem anderen zu machen und Ihre Fortschritte zu feiern.*

# Angstleiter für Kinder

Erstellen Sie zunächst eine Liste der Dinge, die Ihrem Kind Sorgen bereiten oder ihm Angst machen. Wählen Sie eine Angst aus, auf die Sie sich diese Woche konzentrieren möchten. Erstellen Sie eine Reihe von Aufgaben, die Sie in den nächsten ein oder zwei Wochen erledigen müssen, und ordnen Sie die Aufgaben von der am wenigsten beängstigenden (0) bis zur am beängstigendsten (10) an.

| Schritt | Aktion | Bewertung |
|---------|--------|-----------|
| Schritt 6 | Seien Sie der Anführer und bitten Sie eine Gruppe von Freunden, zusammen zu spielen | 10 |
| Schritt 5 | Bitten Sie einen Freund, in der Pause mit ihm zu spielen | 8 |
| Schritt 4 | Bitten Sie darum, beim Mittagessen mit einem Freund zusammenzusitzen | 7 |
| Schritt 3 | Beginnen Sie ein Gespräch mit einem Freund, indem Sie eine Frage stellen | 5 |
| Schritt 2 | Begrüßen Sie drei Freunde, indem Sie „Hallo" sagen | 4 |
| Schritt 1 | Nehmen Sie Augenkontakt mit zwei der am wenigsten gruseligen Menschen in Ihrer Umgebung auf | 2 |

# Die Entspannungstechniken

Das Arbeitsblatt "Die Entspannungstechniken" hilft Kindern, verschiedene Strategien zu erlernen und zu üben, um ihren Geist und Körper zu beruhigen, wenn sie mit gefürchteten Situationen konfrontiert werden. Durch den Einsatz von Techniken wie tiefer Atmung, progressiver Muskelentspannung oder Visualisierung können Kinder lernen, mit Ängsten umzugehen und sich während der Exposition besser unter Kontrolle zu fühlen. Durch regelmäßiges Üben dieser Techniken können Kinder ein Gefühl der Selbstwirksamkeit entwickeln und ihre Abhängigkeit von Vermeidungsverhalten verringern.

# ARBEITSBLATT
# ENTSPANNUNGSTECHNIKEN

Anleitung: Üben Sie in dem dafür vorgesehenen Raum die folgenden Entspannungstechniken, damit Sie sich in Angstsituationen ruhig und sicher fühlen. Wählen Sie die Techniken aus, die für Sie am besten funktionieren, und planen Sie, sie regelmäßig zu üben.

### Tiefes Atmen

- Nehmen Sie eine bequeme Position ein, atmen Sie tief durch die Nase ein und zählen Sie dabei bis vier.

- Halten Sie den Atem an und zählen Sie bis vier.

- Atmen Sie langsam durch den Mund aus und zählen Sie dabei bis sechs.
- Wiederholen Sie dies mehrere Atemzüge lang und konzentrieren Sie sich dabei auf das Geräusch und das Gefühl Ihres Atems.

### Progressive Muskelentspannung

- Spannen Sie eine Muskelgruppe, zum Beispiel Ihre Fäuste, bis 5 an.
- Lösen Sie die Spannung und entspannen Sie die Muskeln, bis Sie 10 zählen.

- Gehen Sie zur nächsten Muskelgruppe, z. B. Ihren Armen, und wiederholen Sie den Vorgang.
- Fahren Sie fort, Muskelgruppen anzuspannen und zu entspannen, bis Sie Ihren gesamten Körper entspannt haben.

### Visualisierung

- Schließen Sie die Augen und stellen Sie sich eine friedliche Szene vor, beispielsweise einen Strand oder einen Wald.

- Nutzen Sie Ihre Sinne, um sich die Details der Szene vorzustellen, wie zum Beispiel das Rauschen der Wellen oder den Geruch der Bäume.

- Konzentrieren Sie sich auf die Gefühle der Entspannung und Ruhe, die diese Visualisierung mit sich bringt.

### Achtsamkeit

- Richten Sie Ihre Aufmerksamkeit auf den gegenwärtigen Moment und nehmen Sie die Empfindungen in Ihrem Körper und Ihrer Umgebung wahr.

- Verwenden Sie Ihre Sinne, um sich auf das zu konzentrieren, was Sie sehen, hören, riechen, schmecken und fühlen.
- Beachten Sie alle Gedanken oder Gefühle, die auftauchen, aber versuchen Sie, sie ohne Urteil passieren zu lassen.

**Bonus:** *Wählen Sie ein oder zwei Entspannungstechniken aus diesem Arbeitsblatt aus und üben Sie diese eine Woche lang täglich. Achte darauf, wie du dich dabei*

*fühlst und wie sie dir helfen können, dich ruhig und sicher zu fühlen, wenn du*
*gefürchteten Situationen ausgesetzt bist.*

## Kunsttherapie

*Kunsttherapie nutzt kreativen Ausdruck, um emotionale Heilung und*
*Wohlbefinden zu fördern, und ist eine Form der Psychotherapie.*
*Achtsamkeit für Kinder ist eine Technik, bei der es darum geht, den*
*gegenwärtigen Moment ohne Kritik zu beobachten. Wenn diese beiden*
*Praktiken zusammengeführt werden, können Kinder ihr*
*Selbstbewusstsein kultivieren, ihre Emotionen kontrollieren und ihr*
*geistiges Wohlbefinden verbessern. Zusammen mit*
*Achtsamkeitsübungen können Kinder das Bild unten ausmalen, um*
*die gewünschten Ergebnisse zu erzielen.*

# Kapitel 7: Positive Beziehungen zu Ihrem Kind aufbauen

Um positive Beziehungen zu Ihrem Kind aufzubauen, müssen Sie durch effektive Kommunikation, aktives Zuhören, Empathie, Respekt und Unterstützung eine starke und gesunde Bindung aufbauen. Es geht auch darum, Zeit miteinander zu verbringen, sich an gemeinsamen Aktivitäten zu beteiligen und positive Erinnerungen zu schaffen. Indem Sie  Therapietechniken und -aktivitäten mit ihren Kindern durchführen, können Sie eine positive Beziehung zu Ihrem Kind aufbauen. Sie können ihr emotionales Wohlbefinden fördern, ihr Selbstwertgefühl stärken und ihnen helfen, positive soziale Fähigkeiten und Beziehungen zu anderen zu entwickeln.

## 7.1. Zerbrochene Bindungen: Wie Kindheitstraumata Beziehungen im Erwachsenenalter schädigen können

Kindheitstraumata können tiefgreifende Auswirkungen auf die Beziehungen zwischen Erwachsenen haben. Ein Trauma kann zu Bindungsproblemen, Vertrauensproblemen und Schwierigkeiten führen, gesunde Beziehungen aufzubauen und aufrechtzuerhalten. Hier sind einige Beispiele dafür, wie ein Kindheitstrauma Beziehungen im Erwachsenenalter schädigen kann:

**Bindungsprobleme:** Ein Trauma kann dazu führen, dass Kinder Bindungsprobleme entwickeln, wie z. B. Vermeidung oder Angst vor Intimität. Dies kann es ihnen erschweren, als Erwachsene enge, gesunde Beziehungen aufzubauen.

**Vertrauensprobleme:** Kindheitstraumata können dazu führen, dass Menschen mit Vertrauen zu kämpfen haben, was ihre Fähigkeit beeinträchtigen kann, Beziehungen aufzubauen und aufrechtzuerhalten. Es kann sein, dass sie Schwierigkeiten haben, anderen zu vertrauen, oder dass sie übermäßig vertrauensvoll und anfällig für Ausbeutung sind.

**Emotionale Regulierung:** Ein Trauma kann sich auch auf die emotionale Regulierung auswirken und es dem Einzelnen erschweren, seine Emotionen in Beziehungen zu kontrollieren. Sie können mit intensiven Emotionen wie Wut, Angst und Traurigkeit zu kämpfen haben, was es ihnen erschweren kann, sich mit anderen zu verbinden.

**Kommunikation:** Ein Trauma kann auch die Kommunikationsfähigkeiten beeinträchtigen und es dem Einzelnen erschweren, seine Bedürfnisse und Emotionen effektiv auszudrücken. Das kann zu Missverständnissen und Konflikten in Beziehungen führen.

**Vorbildfunktion:** Schließlich kann ein Kindheitstrauma die Fähigkeit des Einzelnen beeinträchtigen, in seinen Beziehungen ein positives Vorbild zu sein. Wenn sie in ihrer Kindheit keine positiven Vorbilder hatten, können sie Schwierigkeiten haben, gesunde Verhaltensweisen vorzuleben, und die negativen Muster, die sie in der Kindheit gelernt haben, wiederholen.

Insgesamt kann ein Kindheitstrauma einen dauerhaften Einfluss auf die Beziehungen zwischen Erwachsenen haben, weshalb es für den Einzelnen wichtig ist, Hilfe und Unterstützung bei der Überwindung der Auswirkungen des Traumas zu suchen.

## 7.2. Aufbau positiver Beziehungen zu Ihrem Kind

Um positive Beziehungen zu Ihrem Kind aufzubauen, müssen Sie eine starke Bindung aufbauen, die auf Vertrauen, Liebe und Kommunikation basiert. Einige Möglichkeiten, dies zu erreichen, sind:

*Zeit miteinander verbringen: Wenn Sie sich Zeit für Ihr Kind nehmen und an Aktivitäten teilnehmen, die ihm Spaß machen, können Sie Ihre Bindung stärken und positive Erinnerungen aufbauen.*

*Aktives Zuhören: Wenn Sie auf die Gedanken, Gefühle und Erfahrungen Ihres Kindes achten, kann es sich gehört und bestätigt fühlen, was Ihre Kommunikation und Beziehung stärkt.*

*Positive Verstärkung: Die Anerkennung des positiven Verhaltens, der Bemühungen und Leistungen Ihres Kindes kann dazu beitragen, sein Selbstvertrauen und sein Selbstwertgefühl zu stärken und eine positive Dynamik in Ihrer Beziehung zu schaffen.*

*Grenzen setzen: Das Setzen klarer Grenzen und Regeln kann Ihrem Kind helfen, sich sicher und geborgen zu fühlen, und gleichzeitig den gegenseitigen Respekt in Ihrer Beziehung fördern.*

*Empathie und Verständnis: Wenn Sie die Emotionen Ihres Kindes erkennen und mit Empathie und Verständnis darauf reagieren, kann dies dazu beitragen, Vertrauen aufzubauen und eine tiefere Verbindung in Ihrer Beziehung zu fördern. Wenn Sie zum Beispiel regelmäßig Zeit mit Spielen verbringen, Bücher lesen oder Ausflüge mit Ihrem Kind unternehmen, können Sie positive Erinnerungen schaffen und Ihre Bindung stärken.*

*Aktives Zuhören kann bedeuten, Ablenkungen beiseite zu schieben und sich voll und ganz auf Gespräche mit Ihrem Kind einzulassen, um seine Gedanken und Gefühle zu verstehen. Positive Verstärkung kann so einfach sein wie das Lob für eine gut gemachte Arbeit oder das gemeinsame Feiern von Erfolgen. Das Setzen von Grenzen kann bedeuten, eine Begrenzung zu setzen oder gemeinsam Haushaltsregeln zu besprechen, während Empathie und Verständnis gezeigt werden können, indem Sie die Gefühle Ihres Kindes bestätigen und Unterstützung in schwierigen Zeiten anbieten.*

## 7.3. Gesunde Grenzen entwickeln

Die Entwicklung gesunder Grenzen ist ein wesentlicher Aspekt für den Aufbau positiver Beziehungen zu Ihrem Kind. Es geht darum, Grenzen und Erwartungen an das Verhalten zu setzen und gleichzeitig die Individualität und den persönlichen Raum Ihres Kindes zu respektieren. Hier sind einige Möglichkeiten, wie Sie gesunde Grenzen zu Ihrem Kind entwickeln können:

*Kommunizieren: Sprechen Sie mit Ihrem Kind offen und ehrlich über Ihre Erwartungen, Regeln und Konsequenzen. Hören Sie sich ihre Gedanken und Gefühle an und versuchen Sie, einen Kompromiss zu finden, der für Sie beide funktioniert.*

*Seien Sie konsequent: Wenn Sie einmal Grenzen gesetzt haben, sollten Sie diese konsequent durchsetzen. Dies hilft Ihrem Kind zu verstehen, was von ihm erwartet wird, und unterstreicht, wie wichtig es ist, Grenzen zu respektieren.*

*Respektieren Sie ihre Privatsphäre: Wenn Ihr Kind wächst, wünscht es sich vielleicht mehr Privatsphäre. Respektieren Sie ihr Bedürfnis nach persönlichem Freiraum und bringen Sie ihnen bei, auch die Privatsphäre anderer zu respektieren.*

*Fördern Sie die Unabhängigkeit: Erlauben Sie Ihrem Kind, altersgerechte Entscheidungen zu treffen und Verantwortung für sein Handeln zu übernehmen. Dies hilft ihnen, ein Gefühl der Unabhängigkeit und Eigenständigkeit zu entwickeln.*

*Seien Sie flexibel: Es ist wichtig, mit Grenzen fest umzugehen, aber auch bereit zu sein, sie bei Bedarf anzupassen. Wenn Ihr Kind wächst und sich entwickelt, werden sich seine Bedürfnisse und Fähigkeiten ändern, und das sollten auch Ihre Grenzen sein.*

Beispiele für gesunde Grenzen könnten sein, Ihrem Teenager eine Grenze zu setzen, Konsequenzen für respektloses Verhalten durchzusetzen, das Bedürfnis Ihres Kindes nach Zeit für sich allein zu respektieren und es zu ermutigen, innerhalb einer Reihe vereinbarter Richtlinien Entscheidungen für sich selbst zu treffen. Letztendlich hilft die Entwicklung gesunder Grenzen Ihrem Kind, sich sicher, respektiert und geliebt zu fühlen, was zu einer stärkeren und positiveren Beziehung führen kann.

## 7.4. Unternehmungen

### Mein Support-System

*Das Arbeitsblatt "Mein Unterstützungssystem" hilft Kindern, Personen zu identifizieren, die ihnen Unterstützung und Trost bieten. Durch die Anerkennung dieser Menschen können Kinder ihr soziales Unterstützungsnetzwerk aufbauen und stärken, was sich positiv auf ihre psychische Gesundheit und ihr Wohlbefinden auswirken kann. Dieses Arbeitsblatt kann Kindern auch helfen, positive Beziehungen aufzubauen und ihre Kommunikationsfähigkeiten zu verbessern. Darüber hinaus kann die Identifizierung unterstützender Menschen und Möglichkeiten, mit ihnen in Kontakt zu treten, dazu beitragen, dass sich Kinder weniger allein fühlen und mehr in der Lage sind, bei Bedarf Hilfe zu suchen.*

# Mein Support-System

Anleitung: Identifizieren Sie im dafür vorgesehenen Bereich die Menschen in Ihrem Leben, die Sie unterstützen und hilfsbereit sind, und überlegen Sie, wie Sie mit ihnen in Kontakt treten können, wenn Sie Unterstützung benötigen.

**Wer sind die unterstützenden Menschen in Ihrem Leben?**

- Listen Sie die Namen der Menschen auf, mit denen Sie gerne über Ihre Gefühle und Erfahrungen sprechen möchten.

- Denken Sie an Familienmitglieder, Freunde, Lehrer, Trainer oder Berater, die in der Vergangenheit für Sie da waren.

_____

_____

_____

_____

**Welche Art von Unterstützung bieten sie an?**

- Schreiben Sie auf, was jede unterstützende Person Ihnen an emotionaler, praktischer oder anderer Art von Unterstützung bieten kann.

- Beispielsweise könnte ein Freund ein guter Zuhörer sein, während ein Familienmitglied Ratschläge geben oder bei Aufgaben helfen könnte.

**Wie können Sie sich mit ihnen verbinden?**

- Überlegen Sie, wie Sie Ihre unterstützenden Menschen erreichen können, wenn Sie Hilfe benötigen oder einfach nur reden möchten.

- Notieren Sie sich ihre Telefonnummern, E-Mail-Adressen oder Social-Media-Profile.

_____

_____

_____

_____

- Überlegen Sie sich konkrete Aktivitäten, die Sie gemeinsam unternehmen können, etwa einen Spaziergang machen oder einen Film schauen.

_____

_____

_____

**Wie können Sie sich mit ihnen verbinden?**

- Überlegen Sie, wie Sie Ihre unterstützenden Menschen erreichen können, wenn Sie Hilfe benötigen oder einfach nur reden möchten.
- Notieren Sie sich ihre Telefonnummern, E-Mail-Adressen oder Social-Media-Profile.
- Überlegen Sie sich konkrete Aktivitäten, die Sie gemeinsam unternehmen können, etwa einen Spaziergang machen oder einen Film schauen.
- Welche anderen Unterstützungsquellen haben Sie?
- Erwägen Sie andere Unterstützungsquellen wie Haustiere, Hobbys oder Online-Communities
- Schreiben Sie auf, wie diese Unterstützungsquellen Ihnen helfen können, sich besser zu fühlen, wenn Sie sich schlecht fühlen.

_____

_____

_____

_____

_____

**Bonus:** *Wählen Sie eine unterstützende Person aus Ihrer Liste und überlegen Sie, was Sie tun können, um Ihre Verbindung zu ihr zu stärken. Machen Sie einen Plan, um sie zu erreichen und Zeit miteinander zu verbringen.*

# Positive Beziehungen aufbauen

*Das Arbeitsblatt "Positive Beziehungen aufbauen" ist ein wichtiges Hilfsmittel für Eltern und Betreuer, die ihre Beziehung zu ihrem Kind durch kognitive Verhaltenstherapie stärken möchten. Es bietet einen strukturierten Ansatz, um Kommunikationsmuster zu erkennen, negative Gedanken in Frage zu stellen, Ziele und Handlungen festzulegen und positive Verhaltensweisen zu verstärken. Durch die Verwendung dieses Arbeitsblatts können Eltern und Betreuer die Qualität ihrer Beziehung zu ihrem Kind verbessern, was sich positiv auf ihre psychische Gesundheit und ihr Wohlbefinden auswirken kann.*

# Positive Beziehungen aufbauen
# (für Eltern)

Anweisungen:

Nehmen Sie sich ein paar Minuten Zeit, um über Ihre Beziehung zu Ihrem Kind nachzudenken. Was schätzen Sie an Ihrem Kind? In welchen Bereichen würden Sie Ihre Beziehung gerne verbessern? Schreiben Sie unten Ihre Gedanken auf:

Anerkennungen: _____

_____

Verbesserungswürdige Bereiche: _____

_____

_____

Konzentrieren wir uns nun auf die Kommunikation. Gute Kommunikation ist die Grundlage einer starken Beziehung. Schreiben Sie einige Möglichkeiten auf, wie Sie mit Ihrem Kind kommunizieren:

Kommunikationsmethoden: _____

_____

_____

_____

Lassen Sie uns als Nächstes Ihre Gedanken und Gefühle erkunden, wenn Sie mit Ihrem Kind kommunizieren.

Schreiben Sie Ihre Gedanken und Gefühle während der folgenden Szenarien auf: Szenario 1: Wenn Ihr Kind Ihnen nicht zuhört.

Gedanken: _____

_____

Gefühle: _____

_____

Szenario 2: Wenn Sie sich gestresst oder überfordert fühlen.

Gedanken: _____

_____

Gefühle: _____

_____

Lassen Sie uns diese negativen Gedanken hinterfragen. Basieren sie auf Fakten oder Annahmen? Schreiben Sie Beweise auf, die Ihre Gedanken stützen oder widerlegen:

Anzeichen für: _____

Beweise gegen: _____

Nachdem Sie sich die Beweise angesehen haben, was ist eine ausgewogenere Meinung, die Sie darüber haben können?

Situation? Schreiben Sie es unten auf:

Ausgewogener Gedanke: _____

Lassen Sie uns nun einen Plan zur Verbesserung der Kommunikation mit Ihrem Kind erstellen. Schreiben Sie einige konkrete Ziele und Maßnahmen auf, die Sie ergreifen können:

Ziel 1: _____

Aktion: _____


Ziel 2: _____

Aktion: _____

Lassen Sie uns abschließend darüber sprechen, wie Sie positive Verhaltensweisen bei Ihrem Kind verstärken können. Schreiben Sie einige der positiven Eigenschaften und Verhaltensweisen Ihres Kindes auf, die Sie fördern möchten:

Positiven Eigenschaften: _____

Positive Verhaltensweisen: _____

Schreiben Sie einige konkrete Möglichkeiten auf, wie Sie positive Verhaltensweisen verstärken können:

Möglichkeiten zur Verstärkung positiver Verhaltensweisen: _____

_____

_____

_____

Denken Sie daran, dass der Aufbau positiver Beziehungen Zeit und Mühe erfordert. Durch den Einsatz von CBT-Techniken können Sie lernen, effektiv mit Ihrem Kind zu kommunizieren, negative Gedanken zu hinterfragen und positive Verhaltensweisen zu verstärken.

# Grenzen setzen

*Das Arbeitsblatt "Grenzen setzen" ist ein wertvolles Hilfsmittel, um Kindern zu helfen, gesunde Grenzen zu setzen und zu kommunizieren.*

*Dieses Arbeitsblatt bietet Kindern einen strukturierten Ansatz, um ihre eigenen Grenzen zu erkennen, zu üben, sie anderen gegenüber auszudrücken, und zu lernen, die Grenzen anderer zu respektieren. Durch die Bearbeitung dieses Arbeitsblatts können Kinder ein besseres Verständnis für ihre eigenen Bedürfnisse und Grenzen erlangen und wichtige Fähigkeiten entwickeln, um positive Beziehungen zu anderen aufzubauen. Dies kann zu mehr Selbstvertrauen, Selbstwertgefühl und allgemeinem Wohlbefinden führen.*

# Grenzen setzen

Anleitung: Üben Sie im bereitgestellten Raum, gesunde Grenzen zu setzen und mit anderen zu kommunizieren, und lernen Sie, die Grenzen anderer zu respektieren.

### Identifizieren Sie Ihre Grenzen

- Denken Sie an die Dinge, die Ihnen das Gefühl geben, unwohl, respektlos oder unsicher zu sein.

- Schreiben Sie Ihre Grenzen konkret auf. Zum Beispiel: „Ich möchte nicht, dass mich jemand ohne meine Erlaubnis berührt" oder „Ich möchte nicht beschimpft oder beleidigt werden."

_____

_____

_____

### Kommunizieren Sie Ihre Grenzen

- Überlegen Sie, wie Sie Ihre Grenzen klar und selbstbewusst kommunizieren können.

- Üben Sie, in einem festen, aber respektvollen Ton „Nein" oder „Stopp" zu sagen.

Überlegen Sie, wie Sie erklären können, warum Sie eine bestimmte Grenze haben. Zum Beispiel: „Ich mag es nicht, gekitzelt zu werden, weil es mich ängstlich macht."

_____

_____

_____

### Respektiere die Grenzen anderer

- Denken Sie über die Grenzen nach, die andere Menschen möglicherweise haben, und wie Sie sie respektieren können.

- Üben Sie, anderen zuzuhören und auf ihre Körpersprache und ihren Tonfall zu achten.

- Bitten Sie um Erlaubnis, bevor Sie jemanden berühren, und vermeiden Sie Annahmen darüber, womit er sich wohl fühlen könnte.

_____

_____

_____

### Konsequenzen bei Grenzüberschreitungen

- Überlegen Sie, was Sie tun können, wenn jemand Ihre Grenzen überschreitet, und wie Sie auf respektvolle Weise Konsequenzen durchsetzen können.

- Üben Sie, Dinge zu sagen wie: „Ich habe Sie gebeten, aufzuhören, und wenn Sie meine Grenzen nicht respektieren, muss ich die Situation verlassen."

- Überlegen Sie, welche Konsequenzen bei verschiedenen Grenzverletzungen angemessen sind. Wenn Sie beispielsweise jemand beschimpft, bitten Sie ihn vielleicht, sich zu entschuldigen, während Sie möglicherweise einen Erwachsenen hinzuziehen müssen, wenn Sie jemand ohne Ihre Erlaubnis berührt.

_____

_____

_____

_____

**Bonus:** _Denken Sie an eine Situation, in der Sie in Zukunft möglicherweise eine Grenze setzen müssen, und üben Sie, was Sie sagen könnten, um Ihre Grenze durchsetzungsfähig und respektvoll zu kommunizieren._

## Kapitel 8: Fördern Sie die Selbstfürsorge und das Selbstmitgefühl Ihres Kindes

Um die Selbstfürsorge und das Selbstmitgefühl Ihres Kindes zu fördern, müssen Sie ihm beibringen, seiner eigenen körperlichen,  emotionalen und geistigen Gesundheit Priorität einzuräumen. Dies kann das Üben von Aktivitäten umfassen, die Entspannung, Selbstausdruck und Achtsamkeit fördern. Darüber hinaus geht es darum, ihnen beizubringen, freundlich und verständnisvoll mit sich selbst umzugehen, ihre Stärken anzuerkennen und ihre Grenzen zu akzeptieren. Die Förderung von Selbstfürsorge und Selbstmitgefühl kann ein wirksamer Weg sein, um Kindern, die ein Trauma erlebt haben, zu helfen, ein größeres Selbstwertgefühl, eine größere Widerstandsfähigkeit und emotionale Regulierung zu entwickeln und positive Bewältigung Fähigkeiten aufzubauen.

Eltern können das Selbstmitgefühl ihrer Kinder durch den Einsatz der kognitiven Verhaltenstherapietechnik fördern. In der kognitiven Therapie bedeutet Selbstmitgefühl, negative und automatische selbstkritische Gedanken zu untersuchen und in Frage zu stellen. Um Kindern zu helfen, mit ihren positiven und negativen Gefühlen fertig zu werden, können Eltern ihre Erfahrungen und Emotionen verstehen und bestätigen und vermeiden, ihre Gefühle abzuwerten. Indem Eltern ihren Kindern kognitive Verhaltenstherapietechniken beibringen, können sie ihren Kindern helfen, Selbstfürsorge- und

Selbstmitgefühlsfähigkeiten zu entwickeln, die ihrer psychischen Gesundheit und ihrem Wohlbefinden zugute kommen können. Darüber hinaus fördert die kognitive Verhaltenstherapie Dankbarkeit und positives Denken, was die Stimmung und das allgemeine Wohlbefinden eines Kindes verbessern kann. Indem Eltern Kinder ermutigen, Dinge zu erkennen, für die sie dankbar sind, und sich auf die positiven Aspekte ihres Lebens zu konzentrieren, können Eltern ihnen helfen, eine positivere Einstellung zu entwickeln und negative Selbstgespräche zu reduzieren.

## 8.1. Die Bedeutung von Selbstfürsorge und Selbstmitgefühl

Selbstfürsorge und Selbstmitgefühl sind entscheidend für das allgemeine Wohlbefinden und die Entwicklung von Kindern. Hier sind einige Gründe dafür:

o *Fördert ein positives Selbstwertgefühl: Wenn Kinder Selbstfürsorge üben, lernen sie, sich selbst zu schätzen und zu respektieren. Dies trägt dazu bei, ein positives Selbstbild und Selbstwertgefühl aufzubauen, was wiederum zu besseren Ergebnissen für die psychische Gesundheit führen kann.*

o *Fördert die Selbstwahrnehmung: Selbstfürsorge und Selbstmitgefühl ermutigen Kinder, sich ihrer eigenen Bedürfnisse und Gefühle bewusst zu werden. Dies hilft ihnen, ihre Emotionen besser zu verstehen und sie effektiv an andere zu kommunizieren.*

o *Reduziert Stress und Ängste: Selbstfürsorgepraktiken wie Achtsamkeit, Meditation oder körperliche Betätigung können Kindern helfen, Stress und Ängste zu bewältigen. Indem sie sich Zeit für die Selbstfürsorge nehmen, lernen Kinder, ihr*

*eigenes Wohlbefinden in den Vordergrund zu stellen und*
*gesunde Bewältigungsmechanismen zu entwickeln.*

o ***Fördert Resilienz***: *Wenn Kinder Selbstfürsorge und*
*Selbstmitgefühl üben, entwickeln sie Resilienz angesichts*
*von Herausforderungen und Rückschlägen. Sie lernen,*
*freundlich und geduldig mit sich selbst zu sein, was ihnen*
*hilft, sich von schwierigen Situationen zu erholen.*

Beispiele für Selbstfürsorge- und Selbstmitgefühlspraktiken für Kinder sind Pausen, wenn sie sich überfordert fühlen, körperliche Aktivität oder kreative Hobbys, Achtsamkeit oder Meditation und Gespräche mit einem vertrauenswürdigen Erwachsenen oder Freund, wenn sie sich gestresst oder ängstlich fühlen. Durch die Förderung und Modellierung dieser Praktiken können Eltern ihren Kindern helfen, gesunde Selbstfürsorgegewohnheiten zu entwickeln und ihr allgemeines Wohlbefinden zu verbessern.

## 8.2. Entwicklung eines Selbstfürsorgeplans mit Ihrem Kind

Die Entwicklung eines Plans zur Selbstfürsorge mit Ihrem Kind ist ein wichtiger Schritt, um Selbstfürsorge und Selbstmitgefühl zu fördern. Es geht darum, Aktivitäten und Praktiken zu identifizieren, die das Wohlbefinden fördern, und sie in den Alltag zu integrieren. Hier sind einige Schritte, um mit Ihrem Kind einen Plan zur Selbstfürsorge zu entwickeln:

o ***Identifizieren Sie Aktivitäten zur Selbstfürsorge***: *Sprechen Sie mit Ihrem Kind über Aktivitäten, bei denen es sich glücklich, ruhig und energiegeladen fühlt. Dazu gehören Dinge wie Zeichnen, Spielen mit einem Haustier und Lesen, Musikhören oder Spazierengehen.*

o *Priorisieren Sie Aktivitäten: Sobald Sie Aktivitäten zur Selbstfürsorge identifiziert haben, helfen Sie Ihrem Kind, diese auf der Grundlage dessen zu priorisieren, was für sein Wohlbefinden am wichtigsten oder vorteilhaftesten ist.*

o *Planen Sie Aktivitäten zur Selbstfürsorge: Helfen Sie Ihrem Kind, Aktivitäten zur Selbstfürsorge in seinen Alltag einzuplanen. Dies kann bedeuten, dass Sie sich morgens oder abends Zeit nehmen oder Möglichkeiten finden, den ganzen Tag über Aktivitäten zur Selbstfürsorge einzubauen.*

o *Erstellen Sie Erinnerungen: Ermutigen Sie Ihr Kind, Erinnerungen oder visuelle Hinweise zu erstellen, damit es sich daran erinnert, sich um sich selbst zu kümmern. Dies kann eine Haftnotiz an ihrem Spiegel oder eine Erinnerung auf ihrem Telefon sein.*

o *Passen Sie ihn nach Bedarf an und überarbeiten Sie ihn: Sprechen Sie regelmäßig mit Ihrem Kind, um zu sehen, wie sein Selbstfürsorgeplan funktioniert, und passen Sie ihn bei Bedarf an oder überarbeiten Sie ihn.*

Beispiele für Aktivitäten zur Selbstfürsorge für Kinder könnten sein:

o Baden oder duschen
o Üben von Tiefen atmungs- oder Entspannungstechniken
o Yoga oder Stretching
o Zeichnen oder Ausmalen
o Mit einem Haustier spielen
o Musik hören
o Zeit in der Natur verbringen
o Ein Buch lesen
o Schreiben oder Tagebuch schreiben

o Zeit mit Freunden oder der Familie verbringen

Indem Sie mit Ihrem Kind einen Plan zur Selbstfürsorge entwickeln, können Sie ihm helfen, sein Wohlbefinden in den Vordergrund zu stellen und gesunde Gewohnheiten für das Leben zu entwickeln.

## 8.3. Ermutigen Sie Ihr Kind zu Selbstmitgefühl

Die Förderung von Selbstmitgefühl bei Kindern ist wichtig für ihre psychische Gesundheit und ihr Wohlbefinden. Hier sind einige Möglichkeiten, wie Eltern das Selbstmitgefühl ihrer Kinder fördern können:

*Bestätigen Sie seine Gefühle: Wenn Ihr Kind eine schwierige Zeit durchmacht, ist es wichtig, seine Emotionen anzuerkennen und seine Gefühle zu bestätigen. Machen Sie ihnen klar, dass es in Ordnung ist, manchmal traurig, wütend oder ängstlich zu sein.*

*Seien Sie nett zu sich selbst: Kinder lernen durch Beispiele, daher ist es wichtig, dass Eltern selbst Selbstmitgefühl vorleben. Das bedeutet, nett zu sich selbst zu sein und nicht zu hart zu sich selbst zu sein, wenn etwas schief geht.*

*Ermutigen Sie Ihr Kind zu positiven Selbstgesprächen: Ermutigen Sie Ihr Kind, positive Selbstgespräche zu führen und freundlich zu sich selbst zu sein. Hilf ihnen, negative Gedanken in positive umzuwandeln.*

*Feiern Sie kleine Siege: Nehmen Sie sich Zeit, um kleine Errungenschaften Ihres Kindes anzuerkennen und zu feiern, da dies sein Selbstvertrauen und Selbstwertgefühl stärkt.*

*Ermutigen Sie Ihr Kind, sich um sich selbst zu kümmern:* Motivieren Sie Ihr Kind, an Aktivitäten teilzunehmen, die ihm Spaß machen und die es entspannend finden, wie körperliche Aktivitäten, Lesen oder Zeit mit Freunden zu verbringen. Unterstützen Sie sie dabei, der Selbstfürsorge als entscheidendes Element ihres täglichen Regimes Bedeutung beizumessen.

*Vermitteln Sie Bewältigung Fähigkeiten:* Bringen Sie Ihrem Kind Bewältigung Fähigkeiten bei, um ihm zu helfen, mit Stress und schwierigen Emotionen umzugehen. Dazu können tiefes Atmen, Achtsamkeit oder Tagebuchschreiben gehören.

*Üben Sie Empathie:* Helfen Sie Ihrem Kind, Empathie für andere zu verstehen und zu üben. Dies kann ihnen helfen, ein größeres Mitgefühl für sich selbst und andere zu entwickeln.

Beispiele für die Förderung von Selbstmitgefühl bei Kindern sind die Ermutigung, Pausen einzulegen, wenn es nötig ist, ihnen beizubringen, ihre Stärken zu feiern, und ihnen zu helfen, zu verstehen, dass Fehler ein normaler Teil des Lernprozesses sind. Darüber hinaus können Eltern ihren Kindern beibringen, freundlich zu sich selbst zu sein, wenn sie Schwierigkeiten haben, und Aktivitäten zur Selbstfürsorge zu üben, wie z. B. ein Schaumbad zu nehmen oder in der Natur spazieren zu gehen. Letztendlich kann die Förderung von Selbstmitgefühl bei Kindern ihnen helfen, Resilienz aufzubauen, Stress zu bewältigen und ein glücklicheres, gesünderes Leben zu führen.

## 8.4. Unternehmungen
### Mein Selbstfürsorgeplan

*Das Arbeitsblatt "Mein Selbstfürsorgeplan" ist ein hilfreiches Hilfsmittel für Kinder, um Selbstfürsorgepraktiken zu identifizieren, die für sie am besten funktionieren. Es ermöglicht Kindern, ihre Interessen, Hobbys und Möglichkeiten zur Bewältigung von Stress oder negativen Emotionen zu erkunden. Durch die Erstellung eines Selbstfürsorgeplans können Kinder eine Routine entwickeln, die Wohlbefinden, Resilienz und Selbstmitgefühl fördert. Das Arbeitsblatt hilft Kindern auch, Verantwortung für ihre Selbstfürsorge zu übernehmen und zu erkennen, wie wichtig es ist, ihrer geistigen und emotionalen Gesundheit Priorität einzuräumen.*

# Mein Self-Care-Plan

**Anleitung:** Verwenden Sie dieses Arbeitsblatt, um einen Plan zu erstellen, wie Sie auf sich selbst aufpassen und bleiben

gesund und glücklich.

**Aktivitäten zur Selbstfürsorge:** Listen Sie einige Aktivitäten auf, die Ihnen Spaß machen und die Ihnen helfen, sich zu fühlen

entspannt und glücklich. Das können einfache Dinge sein wie ein Bad nehmen, Musik hören usw

spazieren gehen.

**Aktivitätsideen:**

- Ein Buch lesen

- Zeichnen oder Ausmalen

- Ein Spiel spielen

- Ein Nickerchen machen

- Tanzen

- Ein Puzzle machen

- Kochen oder Backen

- Einen Film sehen

**Bewältigungsstrategien:** Schreiben Sie einige Möglichkeiten auf, wie Sie mit schwierigen Emotionen oder Situationen umgehen können. Dies können Dinge wie tiefes Durchatmen, Gespräche mit einem Freund oder Familienmitglied oder Joggen sein.

**Strategien kopieren:**

- Übungen zur tiefen Atmung

- Mit einem vertrauenswürdigen Freund oder Familienmitglied sprechen

- Schreiben in ein Tagebuch

- Spazieren gehen oder laufen

- Meditieren oder Achtsamkeit üben

- Etwas Kreatives tun, wie malen oder Musik machen

Entspannungstechniken: Denken Sie an einige Entspannungstechniken, die für Sie funktionieren, z. B. ein warmes Bad nehmen, Yoga praktizieren oder beruhigende Musik hören.

Entspannungstechniken:

- Ein warmes Bad nehmen

- Yoga oder Stretching praktizieren

- Hören Sie beruhigende Musik oder Naturgeräusche

- Einen friedlichen Ort visualisieren

- Eine Bodyscan-Meditation durchführen

- Eine Gewichtsdecke verwenden oder mit einem Haustier kuscheln

Gesunde Gewohnheiten: Listen Sie einige gesunde Gewohnheiten auf, die Sie in Ihren Alltag integrieren möchten

- Routine, wie nahrhafte Lebensmittel zu sich zu nehmen, ausreichend zu schlafen oder regelmäßig Sport zu treiben.

Gesunde Gewohnheiten:

- Achten Sie auf eine ausgewogene Ernährung mit viel Obst und Gemüse

- Viel Wasser trinken

- Jede Nacht genug Schlaf bekommen

- Treiben Sie regelmäßig Sport, etwa spazieren gehen oder Fahrrad fahren

- Zeit draußen in der Natur verbringen

- Begrenzen Sie die Bildschirmzeit und ziehen Sie vor dem Schlafengehen den Netzstecker

**Selbstfürsorgeplan:** Nutzen Sie die gesammelten Informationen, um einen funktionierenden Selbstfürsorgeplan zu erstellen

für dich. Schreiben Sie einige spezifische Aktivitäten oder Strategien auf, die Sie bei Bedarf anwenden können

pass auf dich auf.

_____

_____

_____

_____

_____

_____

**Empfohlener Selbstpflegeplan:**

- An Wochentagen gehe ich nach der Schule spazieren, um frische Luft zu schnappen und mich zu bewegen.

- Vor dem Schlafengehen mache ich jeden Abend 10 Minuten lang eine Entspannungsübung wie tiefes Atmen oder eine Bodyscan-Meditation.

- Wenn ich mich überfordert oder gestresst fühle, mache ich eine Pause und mache etwas Kreatives, wie Zeichnen oder Malen.

- Wenn es mir schwer fällt, einzuschlafen, höre ich beruhigende Musik oder eine geführte Meditation.

- Ich trinke den ganzen Tag über Wasser, um hydriert und mit Energie versorgt zu bleiben.

- Denken Sie daran, dass es wichtig ist, auf sich selbst zu achten und Ihr Wohlbefinden an die erste Stelle zu setzen. Verwenden Sie dieses Arbeitsblatt als Leitfaden, um einen Selbstfürsorgeplan zu erstellen, der für Sie funktioniert, und denken Sie daran, regelmäßig Selbstfürsorge zu üben.

# Selbstfürsorge und Selbstmitgefühl üben

*Das Arbeitsblatt "Selbstfürsorge und Selbstmitgefühl üben" ist ein wichtiges Hilfsmittel für Kinder und Jugendliche, die durch kognitive Verhaltenstherapie lernen, ihr eigenes Wohlbefinden in den Vordergrund zu stellen. Es hilft ihnen, Praktiken der Selbstfürsorge und des Selbstmitgefühls zu definieren und zu erforschen, negative Gedanken in Frage zu stellen, Ziele und Handlungen zu setzen und positive Verhaltensweisen zu verstärken. Durch die Verwendung dieses Arbeitsblatts können Kinder und Jugendliche positive Praktiken kultivieren und ihr psychisches Wohlbefinden und ihren allgemeinen Zustand verbessern.*

# Selbstfürsorge und Selbstmitgefühl üben

Anweisungen:

Beginnen wir mit der Definition von Selbstfürsorge und Selbstmitgefühl. Schreiben Sie Ihre eigene Definition auf

jede:

Selbstpflege: _____

Selbstmitgefühl: _____


Lassen Sie uns nun untersuchen, wie Sie Selbstfürsorge und Selbstmitgefühl in Ihrem eigenen Leben praktizieren. Schreiben Sie einige Beispiele für Selbstfürsorge- und Selbstmitgefühlspraktiken auf, die Sie anwenden:

Selbstpflegepraktiken: _____

Selbstmitgefühlspraktiken: _____


Lassen Sie uns als Nächstes über die Selbstfürsorge- und Selbstmitgefühlspraktiken Ihres Kindes sprechen. Schreiben Sie einige Beispiele auf, wie Ihr Kind für sich selbst sorgt und Selbstmitgefühl zeigt:

Selbstpflegepraktiken: _____

Selbstmitgefühlspraktiken: _____

Lassen Sie uns als Nächstes über die Selbstfürsorge- und Selbstmitgefühlspraktiken Ihres Kindes sprechen. Schreiben Sie einige Beispiele auf, wie Ihr Kind für sich selbst sorgt und Selbstmitgefühl zeigt:

Selbstpflegepraktiken:

Selbstmitgefühlspraktiken: _____

Lassen Sie uns diese negativen Gedanken hinterfragen. Basieren sie auf Fakten oder Annahmen? Schreiben Sie Beweise auf, die diese Gedanken stützen oder widerlegen:

Anzeichen für: _____

Beweise gegen: _____

Welchen ausgewogeneren Gedanken könnte Ihr Kind über sich selbst haben, nachdem es sich die Beweise angesehen hat? Schreiben Sie es unten auf:

Ausgewogener Gedanke: _____

Lassen Sie uns nun einen Plan für das Üben von Selbstfürsorge und Selbstmitgefühl erstellen. Schreiben Sie einige konkrete Ziele und Maßnahmen auf, die Ihr Kind ergreifen kann:

Ziel 1: _____

Aktion: _____

Ziel 2: _____

Aktion: _____

Lassen Sie uns abschließend darüber sprechen, wie Sie Selbstpflege- und Selbstmitgefühlspraktiken stärken können. Schreiben Sie einige konkrete Möglichkeiten auf, wie Sie Ihr Kind ermutigen und unterstützen können:

Möglichkeiten zur Stärkung von Selbstfürsorge- und Selbstmitgefühlspraktiken:

_____

Denken Sie daran, dass das Üben von Selbstfürsorge und Selbstmitgefühl ein fortlaufender Prozess ist. Durch den Einsatz von CBT-Techniken kann Ihr Kind lernen, negative Gedanken in Frage zu stellen und eine positive Selbstfürsorge aufzubauen und Selbstmitgefühlsgewohnheiten.

# Selbstmitgefühls-Übungen

*Die "Selbstmitgefühlsübungen" können ein hilfreiches Werkzeug für Kinder sein, um zu üben, sich selbst mit Freundlichkeit und Verständnis zu behandeln. Es bietet ihnen verschiedene Übungen, die sie ausprobieren können, wie z. B. einen Brief an sich selbst zu schreiben oder ein Mantra des Selbstmitgefühls zu erstellen, das ihnen helfen kann, ein positives Selbstbild zu entwickeln und mit schwierigen Emotionen umzugehen. Durch das Üben von Selbstmitgefühl können Kinder lernen, geduldiger und nachsichtiger mit sich selbst zu sein, was letztendlich zu einem größeren Selbstwertgefühl und einer größeren Widerstandsfähigkeit führen kann.*

# Übungen zum Selbstmitgefühl

Instructions : L'auto-compassion consiste à se traiter avec gentillesse et compréhension,

surtout quand nous avons du mal ou que nous nous sentons déprimés. Essayez ces exercices pour pratiquer l'auto-compassion.

S'écrire une lettre : Écrivez-vous une lettre comme si vous écriviez à un ami qui traverse une période difficile. Utilisez des mots d'encouragement et de soutien, et rappelez-vous vos forces et vos capacités.

Mantra d'auto-compassion : Choisissez une phrase ou un mantra qui vous aide à vous sentir calme et enraciné. Les exemples incluent "Je suis digne d'amour et de gentillesse" ou "Puis-je être gentil avec moi-même en ce moment." Répétez-vous ce mantra lorsque vous avez besoin d'un rappel pour être compatissant envers vous-même.

Reconnaître les émotions : Lorsque vous ressentez des émotions fortes, prenez un moment pour les reconnaître sans jugement. Dites-vous : « c'est normal de ressentir ça en ce moment » ou « j'ai le droit d'avoir ces sentiments ». Cela peut vous aider à mieux vous accepter vous-même et vos émotions.

## BRIEF VON MIR AN MICH

**Achtsames Atmen:** Atmen Sie ein paar Mal tief durch und richten Sie Ihre Aufmerksamkeit auf Ihren Atem. Nehmen Sie das Gefühl wahr, wie die Luft in Ihren Körper ein- und ausströmt. Denken Sie beim Einatmen: „Ich atme ruhig." Denken Sie beim Ausatmen: „Ich atme Stress aus."

**Selbstumarmung:** Schlingen Sie Ihre Arme in einer sanften Umarmung um sich selbst und stellen Sie sich vor, Sie würden sich selbst ein Gefühl von Wärme und Geborgenheit vermitteln. Dies kann Ihnen helfen, sich stärker mit sich selbst verbunden zu fühlen und schwierige Emotionen zu lindern.

Denken Sie daran, dass das Üben von Selbstmitgefühl Zeit und Geduld erfordert. Seien Sie freundlich und sanft zu sich selbst, während Sie diese Übungen ausprobieren.

# Positive Selbstgespräche

*Positive Selbstgespräche und Selbstmitgefühl sind eng miteinander verbunden. Die Forschung hat gezeigt, dass positive Selbstgespräche die Gesundheit, Beziehungen, Motivation, das Selbstvertrauen und die Widerstandsfähigkeit verbessern. Es verbessert auch das geistige und körperliche Wohlbefinden. Hier ist eine Aktivität, die Ihrem Kind hilft, seine Selbstgespräche zu verbessern.*

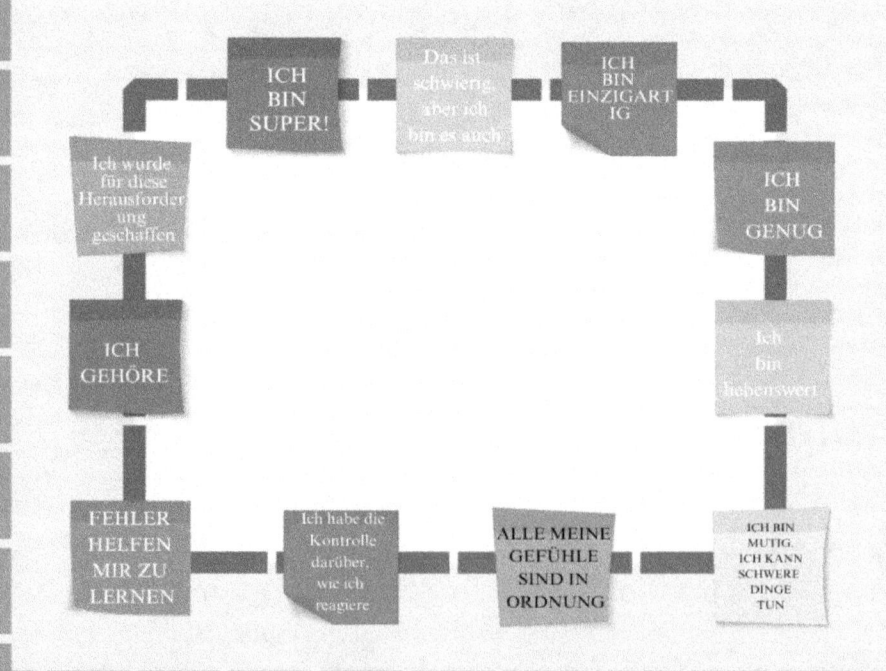

## Selbstbewusstes Selbstgespräch

1. Identifizieren Sie die positiven und unterstützenden Botschaften, die bei Ihnen Anklang finden und an die Sie sich erinnern möchten, und bewerben Sie sich um positive Selbstgespräche.

2. Erstellen Sie eine visuelle Darstellung von sich selbst oder einem Objekt, das Sie symbolisiert
Stellen Sie eine Persönlichkeit oder einen Charakter in die Mitte des Spiegels, der als Erinnerung dienen soll
Deine einzigartigen Qualitäten.

3. Sprechen Sie die positiven Selbstgesprächsaussagen regelmäßig laut vor sich hin, um ihre stärkende Botschaft zu verstärken und Ihr Selbstvertrauen und Selbstvertrauen zu stärken.

ICH BIN SUPER!

Das ist schwierg aber ich bin es auch

ICH BIN EINZIGARTIG

Ich wurde für diese Herausforderung geschaffen

ICH BIN GENUG

ICH GEHÖRE

Ich bin liebenswert

FEHLER HELFEN MIR ZU LERNEN

Ich habe die Kontrolle darüber, wie ich reagiere

ALLE MEINE GEFÜHLE SIND IN ORDNUNG

ICH BIN MUTIG. ICH KANN SCHWERE DINGE TUN

## Kapitel 9: Mit der Heilung Ihres Kindes vorankommen

Um die Heilung Ihres Kindes voranzutreiben, müssen Sie ein unterstützendes Umfeld schaffen, die Widerstandsfähigkeit fördern und bei Bedarf professionelle Hilfe in Anspruch nehmen. Dazu gehören  die kontinuierliche emotionale Unterstützung, der Aufbau von Bewältigung Fähigkeiten, die Förderung positiver Beziehungen und die Förderung von Selbstfürsorge und Selbstmitgefühl. Es geht auch darum, zu erkennen, dass Heilung ein Prozess ist und dass der Fortschritt langsam und nicht linear sein kann. Mit Geduld, Einfühlungsvermögen und Engagement für das Wohlergehen Ihres Kindes können Sie ihm helfen, sich in eine bessere Zukunft zu bewegen.

Kognitive Verhaltenstherapie kann Eltern und ihren Kindern helfen, auf dem Heilungsweg voranzukommen, indem sie Ziel Sitzungs-, Problemlösungs-, positives Denken, Achtsamkeits- und Selbstfürsorgetechniken einsetzt. Durch die Aufteilung von Zielen in kleinere Schritte, die Entwicklung von Problemlösungsfähigkeiten, die Herausforderung negativer Selbstgespräche, das Üben von Achtsamkeit und die Teilnahme an Selbstfürsorgeaktivitäten können Kinder lernen, mit ihren Emotionen umzugehen, Ziele zu setzen und positives Denken zu fördern. Die KOGNITIVE VERHALTENSTHERAPIE bietet praktische und zielorientierte Ansätze, um positive Veränderungen zu fördern und Kinder auf ihrem Heilungsweg zu unterstützen.

## 9.1. Feiern Sie den Fortschritt mit Ihrem Kind

Das Erkennen und Feiern von Fortschritten ist ein wichtiger Bestandteil, um Kindern zu helfen, sich von einem Trauma zu erholen. Es kann Motivation und Ermutigung sein, ihren Heilungsweg fortzusetzen. Hier sind einige Möglichkeiten, wie Sie den Fortschritt mit Ihrem Kind feiern können:

> o *Erkennen Sie ihre Bemühungen an und bestätigen Sie sie: Zeigen Sie Ihrem Kind, dass Sie die harte Arbeit, die es leistet, um sein Trauma zu überwinden, anerkennen und schätzen. Bestätigen Sie ihre Fortschritte und drücken Sie Ihren Stolz auf sie aus.*
>
> o *Feiern Sie Meilensteine: Setzen Sie sich mit Ihrem Kind erreichbare Ziele und feiern Sie, wenn es diese erreicht. Es kann so einfach sein, wie zu feiern, wenn sie ihre Gefühle teilen oder eine neue Aktivität ausprobieren.*
>
> o *Verwenden Sie ein Fortschrittsdiagramm: Visuelle Hilfsmittel wie Fortschrittsdiagramme können Ihrem Kind helfen zu sehen, wie weit es gekommen ist, und ihm ein Gefühl der Erfüllung geben.*
>
> o *Belohnen Sie sie: Kleine Belohnungen können eine großartige Möglichkeit sein, die harte Arbeit Ihres Kindes anzuerkennen. Belohnungen können so einfach sein wie ein besonderer Leckerbissen oder eine lustige Aktivität.*
>
> o *Feiern Sie gemeinsam als Familie: Wenn Sie die Fortschritte Ihres Kindes als Familie feiern, kann dies ein Gefühl der Zusammengehörigkeit und Unterstützung schaffen.*

*Wenn Ihr Kind zum Beispiel Angst vor Hunden hat und daran gearbeitet hat, diese zu überwinden, können Sie seine Fortschritte feiern, indem Sie es in einen Streichelzoo bringen, wo es in einer sicheren und kontrollierten Umgebung mit Tieren interagieren kann. Sie können ihre Bemühungen auch anerkennen, indem Sie ihnen sagen, wie stolz Sie auf sie sind und wie viel Fortschritt sie gemacht haben.*

Denken Sie daran, dass es beim Feiern des Fortschritts nicht darum geht, Perfektion zu erreichen. Es geht darum, die kleinen Schritte anzuerkennen, die Ihr Kind in Richtung Heilung und Wachstum unternimmt.

## 9.2. Setzen Sie sich mit Ihrem Kind Ziele für die Zukunft

Das Setzen von Zielen für die Zukunft mit Ihrem Kind kann ein wichtiger Teil seiner Reise zur Traumaheilung sein. Hier sind einige Möglichkeiten, dies anzugehen:

- o ***Beginnen Sie mit kleinen Zielen:*** *Es kann hilfreich sein, mit kleinen, erreichbaren Zielen zu beginnen, auf die Ihr Kind hinarbeiten kann. Dies kann dazu beitragen, ihr Selbstvertrauen und ihre Motivation aufzubauen.*
- o ***Besprechen Sie Interessen und Bestrebungen:*** *Sprechen Sie mit Ihrem Kind über seine Interessen und Bestrebungen und darüber, wie es diese verfolgen möchte. Dies kann ihnen helfen, einen Sinn und eine Richtung zu entwickeln.*
- o ***Machen Sie einen Plan:*** *Arbeiten Sie mit Ihrem Kind zusammen, um einen Plan zu erstellen, wie es seine Ziele erreichen kann. Dazu kann gehören, größere Ziele in kleinere Schritte zu unterteilen und Hindernisse oder Herausforderungen zu identifizieren, die möglicherweise angegangen werden müssen.*
- o ***Feiern Sie Erfolge:*** *Feiern Sie die Erfolge Ihres Kindes, egal wie klein sie sind. Dies kann dazu beitragen, positive*

> *Verhaltensweisen zu verstärken und sie zu motivieren, weiter auf ihre Ziele hinzuarbeiten.*
>
> o **Seien Sie flexibel**: *Es ist wichtig, flexibel zu sein und den Plan nach Bedarf anzupassen. Die Heilung von Traumata ist nicht immer ein linearer Prozess, und es kann zu Rückschlägen kommen. Es ist wichtig, Ihr Kind zu unterstützen und zu ermutigen, weiterzumachen.*

Beispiele für Ziele könnten akademische Leistungen, außerschulische Aktivitäten, gesellschaftliche Veranstaltungen und persönliches Wachstum sein, wie z. B. die Entwicklung neuer Fähigkeiten oder Hobbys. Der Schlüssel liegt darin, Ziele zu identifizieren, die für Ihr Kind wichtig sind, und ihm zu helfen, sich in eine positivere und erfülltere Zukunft zu bewegen.

## 9.3. Planung für mögliche Rückschläge

Die Planung möglicher Rückschläge ist ein wichtiger Aspekt, um die Traumaheilung Ihres Kindes voranzutreiben. Es geht darum, potenzielle Hindernisse oder Herausforderungen zu antizipieren, mit denen Ihr Kind in Zukunft konfrontiert sein könnte, und einen Plan zu entwickeln, wie diese überwunden werden können.

Hier sind einige Schritte, die Sie unternehmen können, um mögliche Rückschläge zu planen:

> o **Identifizieren Sie mögliche Auslöser oder Stressfaktoren:** *Denken Sie an die Situationen oder Ereignisse, die bei Ihrem Kind negative Emotionen oder Erinnerungen auslösen können. Dabei kann es sich um*

*Dinge wie Jahrestage traumatischer Ereignisse, bestimmte*
*Personen oder Orte oder bestimmte Aktivitäten handeln.*

o **Entwickeln Sie einen Plan, wie Sie mit diesen Auslösern umgehen können**: *Sobald Sie potenzielle Auslöser identifiziert haben, entwickeln Sie gemeinsam mit Ihrem Kind einen Plan, wie Sie damit umgehen können. Dies kann das Üben von Entspannungstechniken, das Gespräch mit einem vertrauenswürdigen Erwachsenen oder Therapeuten oder eine positive Ablenkung beinhalten.*

o **Fördern Sie eine offene Kommunikation:** *Ermutigen Sie Ihr Kind, offen mit Ihnen über seine Gefühle und Erfahrungen zu sprechen. Lassen Sie sie wissen, dass es in Ordnung ist, Rückschläge zu erleiden, und dass Sie da sind, um sie während des Heilungsprozesses zu unterstützen.*

o **Überdenken Sie Ziele und Strategien**: *Überprüfen Sie regelmäßig die Ziele und Strategien, die Sie und Ihr Kind gemeinsam entwickelt haben. Nehmen Sie bei Bedarf Anpassungen vor und feiern Sie die Fortschritte, die Ihr Kind gemacht hat.*

**Hier ist ein Beispiel**: Nehmen wir an, Ihr Kind hat ein traumatisches Ereignis in einem Park erlebt und fühlt sich nun ängstlich und ängstlich, wenn es in einen Park geht. Sie können mit Ihrem Kind zusammenarbeiten, um einen Plan zu entwickeln, wie Sie mit diesem Auslöser umgehen können. Dies könnte bedeuten, dass Sie tiefe Atem- und Visualisierungstechniken üben und Ihr Kind von einem vertrauenswürdigen Erwachsenen oder Therapeuten in den Park begleiten lassen. Sie können Ihr Kind auch ermutigen, offen mit Ihnen über seine Gefühle zu sprechen und kleine Schritte nach vorne zu feiern, z. B. einen Parkbesuch mit einem

Therapeuten oder einem Erwachsenen, dem Sie vertrauen. Wenn Ihr Kind einen Rückschlag erleidet, können Sie den Plan überdenken und bei Bedarf Anpassungen vornehmen, z. B. häufiger Entspannungstechniken üben oder zusätzliche Unterstützung von einem Therapeuten suchen.

## 9.4. Risiken

### Meine Ziele

*Das Arbeitsblatt "Meine Ziele" soll Kindern helfen, kurz- und langfristige Ziele für ihre Heilung zu setzen und konkrete Schritte zu identifizieren, die sie unternehmen können, um diese zu erreichen. Anhand dieses Arbeitsblatts können Kinder lernen, wie wichtig es ist, sich Ziele zu setzen, und ein Gefühl der Kontrolle über ihren eigenen Heilungsprozess entwickeln. Dieses Arbeitsblatt kann Kindern auch helfen, Selbstvertrauen und Motivation aufzubauen, während sie auf das Erreichen ihrer Ziele hinarbeiten.*

# Meine Ziele

Anleitung: Überlegen Sie, was Sie auf Ihrer Heilungsreise erreichen möchten. Schreiben Sie Ihre kurzfristigen und langfristigen Ziele auf und identifizieren Sie die Schritte, die Sie unternehmen können, um diese zu erreichen.

Kurzfristige Ziele (innerhalb der nächsten Woche oder des nächsten Monats):

Ziel 1: _____

Schritte, die ich unternehmen kann, um dieses Ziel zu erreichen:

_____

_____

_____

_____

Ziel 2: _____

Schritte, die ich unternehmen kann, um dieses Ziel zu erreichen:

_____

_____

_____

_____

## Langfristige Ziele (innerhalb der nächsten sechs Monate bis zu einem Jahr):

Ziel 1: _____

Schritte, die ich unternehmen kann, um dieses Ziel zu erreichen:

_____

_____

_____

_____

_____

Ziel 2: _____

Schritte, die ich unternehmen kann, um dieses Ziel zu erreichen:

_____

_____

_____

_____

_____

Remember, it's okay if your goals change over time. The important thing is to have something to work towards and celebrate your progress along the way!

## Mit der Heilung Ihres Kindes vorankommen

*Das Arbeitsblatt "Gehen Sie mit der Heilung Ihres Kindes voran" ist ein wichtiges Hilfsmittel für Eltern und Betreuer, die die psychische Gesundheit ihres Kindes durch kognitive Verhaltenstherapie unterstützen. Es bietet einen strukturierten Ansatz, um Fortschritte und Rückschläge zu reflektieren, negative Gedanken in Frage zu stellen, Ziele und Maßnahmen zu setzen und positive Veränderungen zu verstärken. Mit diesem Arbeitsblatt können Eltern und Betreuer die Heilung und den Fortschritt ihres Kindes in Richtung einer verbesserten psychischen Gesundheit und eines verbesserten Wohlbefindens weiterhin unterstützen.*

# Gehen Sie mit der Heilung Ihres Kindes voran

Anweisungen:

Nehmen Sie sich ein paar Minuten Zeit, um über die bisherigen Fortschritte Ihres Kindes nachzudenken. Welche positiven Veränderungen haben Sie im Verhalten oder in der Stimmung Ihres Kindes seit Beginn der kognitiven Verhaltenstherapie festgestellt? Schreiben Sie sie unten auf:

Positive Veränderungen: _____

Lassen Sie uns nun über alle Herausforderungen sprechen, mit denen Ihr Kind im Heilungsprozess konfrontiert war. Notieren Sie alle Hindernisse oder Rückschläge, die Ihr Kind erlebt hat:

Hindernisse: _____

Rückschläge: _____

Lassen Sie uns alle negativen Gedanken oder Überzeugungen untersuchen, die Ihr Kind möglicherweise zurückhalten. Schreiben Sie alle negativen Gedanken auf, die Ihr Kind geäußert hat oder die Sie beobachtet haben:

Negative Gedanken: _____

Lassen Sie uns diese negativen Gedanken hinterfragen. Basieren sie auf Fakten oder Annahmen? Schreiben

Legen Sie Beweise fest, die diese Gedanken stützen oder widerlegen:

Anzeichen für: _____

Beweise gegen: _____

Welchen ausgewogeneren Gedanken könnte Ihr Kind nach Betrachtung der Beweise über sich selbst und seine Fortschritte haben? Schreiben Sie es unten auf:

Ausgewogener Gedanke: _____

Lassen Sie uns einen Plan erstellen, um die Heilung Ihres Kindes voranzutreiben. Schreiben Sie einige konkrete Ziele und Maßnahmen auf, die Sie und Ihr Kind ergreifen können:

Ziel 1: _____

Aktion: _____

Ziel 2: _____

Aktion: _____

Lassen Sie uns abschließend darüber sprechen, wie Sie positive Veränderungen und Verhaltensweisen bei Ihrem Kind verstärken können. Schreiben Sie einige konkrete Möglichkeiten auf, wie Sie Ihr Kind ermutigen und unterstützen können:

Möglichkeiten zur Verstärkung positiver Veränderungen: _____

_____

_____

_____

Denken Sie daran, dass Heilung ein Prozess ist, der Zeit und Mühe erfordert. Durch den Einsatz von CBT-Techniken und das Festlegen spezifischer Ziele und Maßnahmen können Sie und Ihr Kind weiterhin Fortschritte machen und den Heilungsprozess vorantreiben.

## Den Fortschritt feiern

*Das Arbeitsblatt "Fortschritt feiern" hilft Kindern, indem es sie dazu anregt, über die Fortschritte nachzudenken, die sie auf ihrem Heilungsweg gemacht haben. Durch die Anerkennung ihrer Leistungen können Kinder ihr Selbstwertgefühl und ihre Motivation stärken, ihre Heilungsarbeit fortzusetzen. Dieses Arbeitsblatt hilft den Kindern auch, Bereiche zu identifizieren, in denen sie noch Unterstützung und Wachstum benötigen, sodass sie sich neue Ziele setzen und weiter vorankommen können. Letztendlich hilft dieses Arbeitsblatt den Kindern, sich auf ihren Weg der Heilung zu konzentrieren, und ermutigt sie, ihre Erfolge auf dem Weg zu feiern.*

# Den Fortschritt feiern

Verwenden Sie dieses Arbeitsblatt, um über Ihre Fortschritte auf Ihrem Heilungsweg nachzudenken und Ihre Erfolge zu feiern. Nehmen Sie sich die Zeit, Ihre harte Arbeit und die erzielten Fortschritte zu würdigen und Bereiche zu identifizieren, in denen Sie noch Unterstützung und Wachstum benötigen.

Denken Sie über Ihre bisherige Reise nach. Vor welchen Herausforderungen standen Sie und wie haben Sie diese gemeistert?

_____

_____

Schreiben Sie einige der Dinge auf, die Sie seit Beginn Ihrer Heilungsreise erreicht haben. Dabei kann es sich um große oder kleine Erfolge handeln, etwa das Ausprobieren einer neuen Bewältigungsstrategie oder das Gespräch mit einem vertrauenswürdigen Erwachsenen über Ihre Gefühle.

_____

_____

Denken Sie an die Menschen, die Sie auf Ihrem Weg unterstützt haben. Wer war für Sie da, hat Ihnen zugehört und Sie ermutigt? Schreiben Sie ihre Namen auf und wie sie Ihnen geholfen haben.

_____

_____

Identifizieren Sie Bereiche, in denen Sie noch Unterstützung und Wachstum benötigen. An welchen Dingen würden Sie gerne arbeiten oder diese verbessern? Überlegen Sie, welche Ressourcen oder Strategien Ihnen in diesen Bereichen helfen könnten.

_____

_____

Nehmen Sie sich abschließend die Zeit, Ihre Fortschritte und Erfolge zu feiern. Sie können dies tun, indem Sie sich etwas Besonderes gönnen, etwas tun, das Ihnen Spaß macht, oder einfach Ihre harte Arbeit und Entschlossenheit anerkennen. Denken Sie daran, dass Heilung eine Reise ist und jeder Schritt vorwärts es wert ist, gefeiert zu werden.

Reflexionsfragen:

Auf welche Erfolge sind Sie besonders stolz?

_____

_____

Wer hat Sie auf Ihrem Heilungsweg am meisten unterstützt?

_____

_____

In welchen Bereichen benötigen Sie noch Unterstützung oder Wachstum?

_____

_____

Wie können Sie Ihre Fortschritte feiern und weiterhin auf Ihre Ziele hinarbeiten?

_____

_____

# Schlussfolgerung

Ein Kindheitstrauma kann einen großen Einfluss auf das Leben einer Person haben, muss aber nicht ihre Zukunft bestimmen. "KINDHEIT FURCHT FÜR KINDER 8-12" ist eine wertvolle Ressource für Kinder, die ein Trauma erlebt haben und nach Wegen suchen, zu heilen und in ihrem Leben voranzukommen. Dieses Arbeitsbuch verwendet evidenzbasierte Techniken der kognitiven Verhaltenstherapie, um Kinder durch den Prozess des Verstehens und Bewältigens ihrer traumabedingten Symptome zu führen. Mit interaktiven Arbeitsblättern, Aktivitäten und Übungen werden Kinder befähigt, eine aktive Rolle auf ihrem Heilungsweg zu übernehmen. Sie werden ermutigt, ihre Emotionen zu erforschen, Auslöser zu identifizieren und Bewältigungsstrategien zu entwickeln, um ihre Symptome in den Griff zu bekommen. Das Arbeitsbuch betont auch die Bedeutung von Selbstfürsorge, Selbstmitgefühl und dem Aufbau positiver Beziehungen.

Durch die Verwendung von nachvollziehbaren Beispielen und fesselnden Übungen können Kinder ein besseres Verständnis für ihr Trauma und dessen Auswirkungen auf ihr Leben gewinnen. Sie werden durch einen Prozess der Heilung und Selbstfindung geführt, der ihnen hilft, vom Überleben zum Gedeihen zu gelangen. Insgesamt bietet " KINDHEIT FURCHT FÜR KINDER 8-12" einen umfassenden und befähigenden Leitfaden für Eltern, um ihren Kindern zu helfen, ihre vergangenen Wunden zu überwinden und die Werkzeuge zu entwickeln, die für eine erfüllte und widerstandsfähige Zukunft erforderlich sind. Dieses Arbeitsbuch ist ein Muss für alle

Eltern, deren Kind ein Trauma erlebt hat und die Kontrolle über seine Heilungsreise übernehmen möchte.